数字基建

通向数字孪生世界的迁徙之路

安筱鹏　肖利华　编著

电子工业出版社
Publishing House of Electronics Industry
北京·BEIJING

未经许可，不得以任何方式复制或抄袭本书之部分或全部内容。
版权所有，侵权必究。

图书在版编目（CIP）数据

数字基建：通向数字孪生世界的迁徙之路 / 安筱鹏，肖利华编著. —北京：电子工业出版社，2021.5
ISBN 978-7-121-40627-0

Ⅰ. ①数… Ⅱ. ①安… ②肖… Ⅲ. ①信息经济－基础设施建设－研究－中国 Ⅳ. ①F492.3

中国版本图书馆 CIP 数据核字（2021）第 034114 号

责任编辑：刘小琳
印　　刷：天津画中画印刷有限公司
装　　订：天津画中画印刷有限公司
出版发行：电子工业出版社
　　　　　北京市海淀区万寿路 173 信箱　　邮编 100036
开　　本：720×1 000　1/16　印张：20.75　字数：234 千字
版　　次：2021 年 5 月第 1 版
印　　次：2021 年 5 月第 1 次印刷
定　　价：108.00 元

凡所购买电子工业出版社图书有缺损问题，请向购买书店调换。若书店售缺，请与本社发行部联系，联系及邮购电话：（010）88254888，88258888。

质量投诉请发邮件至 zlts@phei.com.cn，盗版侵权举报请发邮件至 dbqq@phei.com.cn。
本书咨询联系方式：（010）88254760。

序

伟大的迁徙：寻找通向数字世界的"诺亚方舟"

人类社会的发展史，就是一部生存空间迁徙史。人类生存的足迹穿越了狩猎时代的森林、农耕时代的平原、工业时代的城市之后，正进入一个新空间——数字空间。在进化的道路上，迁徙是一种本能，也正演化成一种生存的核心能力，我们需要携手寻找通向数字世界的"诺亚方舟"。

生命进化是一场迁徙之旅

海洋中孕育的生命在数亿年前开始了迁徙之旅，在中古生代发动一场延续千万年的登陆运动，植物和无脊椎动物先后登上了陆地，并迎来了寒武纪物种大爆发。600万年前，人类进化开始了最后的冲刺。200万年前，直立人从森林走向平原，开始了一场生存空间的迁徙，为了适应奔跑以猎取食草动物，早期人类进化出更长的大腿、更短的脚趾、更强的肌腱、更宽的肩膀，以及更强壮的臀大肌。当人类告别了采集狩猎、刀耕火种，进入以种植农作物、饲养畜牧为生的农耕社会，人类生产生活方式从几百人的部落演进到几万人的城镇，在新的生存空间中繁衍。

数字基建
通向数字孪生世界的迁徙之路

工业革命是一场迁徙之旅

工业革命以来的 300 年，人类建造了一个新的生存空间——城市、工厂、港口、铁路、机场、地铁、电报、电话、电网、水网、石油管网等，也创造了公司、国会、银行、学校、工会、证券交易所等新型的专业化组织。人类的生产生活开启了新一轮迁徙，人们从分布式的乡村农耕社会，走向集中化的城镇工业社会，人类重新定义了自己的生产方式、生活方式和生存状态。今天，工业化国家 80%的人口已生活在城市，90%的劳动者从事非体力劳动，数千公里旅行从数周缩短为数小时。

数字化是一场迁徙之旅

数字化就是在比特的汪洋中重构原子的运行轨道，人类基于数字技术创造了一个"数据+算力+算法"定义的新世界——数字孪生世界。从原子、部件、产品、产线到服务，从管网、建筑、城市、地球到星系，从基因、细胞、心脏、大脑到人体，从材料科学、生命科学到制造、建筑，人类正在数字世界中构建数字孪生体。物理世界的实体都将在数字世界里重建，以实现物理空间与数字空间各类要素、活动相互映射、实时交互、高效协同，以及系统内资源配置和运行的按需响应、快速迭代、动态优化。

数字化是一场伟大的迁徙，将人们的生产生活从物理世界迁徙到数字世界，将从生活方式拓展到生产方式、产品智能、创新方式、就业方式、企业形态、组织形态、协作方式等方方面面。

生活方式：从物理空间走向数字空间。历史上从来没有任何一种

序

技术像数字技术那样能够在如此短的时间对人类产生如此深远而广泛的影响。新冠肺炎疫情强行把我们的生活迁徙到了数字空间，数亿学生转到了线上上课，数亿员工在家办公，一个人的衣食住行的消费旅程中，从商品服务的发现、研究、购买、付款、履约、售后等各个环节，已经实现了物理世界与数字世界的融合，消费者的决策链路、履约方式已经全面数字化。今天，全球互联网用户数超过 40 亿，发达国家手机上网时长超过 6 小时，移动支付推动中国加速迈向"无现金"社会。

生产方式：从工具革命到决策革命。 数字化带来的两场革命：工具革命（正确地做事）和决策革命（做正确的事）。工具革命是智能工具在生产活动中的广泛普及而引发的生产方式的变革，智能工具包括有形的智能装备和无形的软件工具，以提高体力劳动者和脑力劳动者的工作效率；决策革命表现为数据驱动的决策替代经验决策，基于"数据+算法"可以对物理世界进行状态描述、原因分析、结果预测、科学决策。"数据+算法"将正确的数据（所承载知识），在正确的时间，传递给正确的人和机器，以信息流带动技术流、资金流、人才流、物资流，优化资源的配置效率。其内的逻辑是不断把人类对物理世界的认知规律通过"数据+算力+算法"的模式嵌入物理世界，把人从繁重、重复性的工作中解放出来。工具革命和决策革命将企业竞争带入高频竞争时代，服装等传统行业的商品企划、设计打样、试销测款、生产交付周期比传统方式提高了 6 倍、2 倍、2.7 倍和 3 倍。

产品智能：从单机智能走向系统智能。 产品智能化的基本趋势是"硬件通用化"和"服务可编程"，即通用功能硬件化、可变功能软件化，硬件提高资产通用性，其背后遵循的是规模经济；软件满足产品个性化需求，遵循范围经济。这一趋势从计算机、网络、存储、服务器、手机演进到智能汽车、工业互联网。传统汽车由80多个ECU等电子控制的多厂商、多标准、封闭式、长周期的专用系统，将转向类似于智能手机的集中式架构（底层操作系统、芯片SOC），汽车功能通过OTA（Over-the-Air）可以提高峰值输出功率、续航里程和启动速度。工业互联网的本质就是将单机设备解构与重组的逻辑拓展演进到系统级，成为物理世界与数字孪生世界的"摆渡人"，通过硬件通用化和服务可编程在更大的空间尺度范围内优化资源配置效率。

创新方式：从实验验证到模拟择优。今天，马斯克的SpaceX将火箭每公斤的发射成本降到了20年前的1/7，飞机、高铁、汽车、坦克等复杂装备的研制周期相当于20年前的一半，这是因为人类社会认识客观世界的方法论已从"观察+抽象+数学"的理论推理、"假设+实验+归纳"的实验验证，演进到"样本数据+机理模型"的模拟择优阶段，大规模向数字世界迁徙。在效率上，基于数字仿真的"模拟择优"，使得产业创新活动在赛博空间快速迭代，促使创新活动在时间和空间上交叉、重组和优化，大幅缩短新技术产品从研发、小试、中试到量产的周期。在主体上，"模拟择优"推动了大量数字平台的产生，大众创业者能够依托平台，直接参与到产品构思、设计、制造、改进等环节。在流程上，生产过程的参与主体从生产者向产消者演进，以消费者为中心的逆向整合生产要素的创新流程正在形成。

就业方式：从八小时制到自由连接体。越来越多的个体都将成为知识工作者，工业时代那种工作、生活、学习割裂，个体无法柔性安

序

排工作与生活的状态也将得到很大改变，类似于工作、生活、学习一体化的 SOHO 式工作、弹性工作等新形态将更为普遍。从单个个体来看，逐渐呈现出了自由连接体的新形态。"平台+个人"的"平台式就业"已经成为基本就业景观，"U 盘式就业、分时就业"新就业日益普遍，跨越空间的分布式就业越来越成为现实，灵活就业将让个体可以更加柔性地安排自己的工作与生活。

企业形态：从技术密集到数据密集。 在工业时代用劳动密集、资本密集、资源密集来划分企业的思考逻辑已经过时。当企业竞争从要素、市场、技术等资源竞争向数据竞争转变，当数据成为新生产要素，未来有竞争力的企业一定是数据密集型企业，就是那些对"数据+算法+算力"的闭环优化体系高度依赖的企业，拥有规模化知识创造者、更广泛的智能工具普及更丰裕的数据要素资源。数据的及时性、准确性和完整性不断提升，数据开发利用的深度和广度不断拓展，数据流、物流、资金流的协同水平和集成能力，数据流动的自动化水平，成为企业未来核心竞争力的来源。

组织形态：从公司制到"产业生态"。 工业时代的公司，所遵从的基本是"泰勒制"的、线性的（价值链、产业链、供应链等）组织方式和流程。而数字经济体所取得的成绩，则与它"云端制"的组织方式直接相关：数字平台+数亿用户+海量商家+海量服务商——这是一种大规模、精细灵敏、自动自发、无远弗届的大规模协作的组织方式，也是一种人类历史上从未达到过的"分工/协作"的高水准。最本质的变化是实现了生产全流程、全产业链、全生命周期管理数据的可获取、可分析、可执行。

数字基建
通向数字孪生世界的迁徙之路

协作方式：基于信息能力拓展的分工与协作。工业社会将人类分工协作从熟人分工协作演进到陌生人间分工协作，从封闭的经济体系走向开放的经济体系，从小尺度的合作空间走向全球化的合作空间。伴随着向数字空间迁移，人类正在重建外部世界信息感知、传播、获取、利用新体系，重构分工协作的基础设施、生产资料、生产工具和协作模式，企业边界正在被重新定义，平台经济体迅速崛起，人类社会已经从工业社会百万量级的协作生产体系演进到数千万、数亿人的合作，这也带来了产业分工不断深化。

数字基建：数字孪生世界的"地基"

人类已经开启了一场向数字空间迁徙的伟大旅程，建造这个空间"钢筋水泥"是的芯片、算法、数据、软件、网络、知识、传感器、数据库、云平台等，它们构成了数字空间的基础设施。未来十年是数字基础设施的安装期，全球数字经济最重要的主题之一是数字基础设施的重构、切换与迁徙，以及基于新型数字基础设施的商业生态再造。

"大商场+POS 机+大商铺+停车场"这些传统商业基础设施，切换到基于"云+交易 App+支付 App+快递系统"的数字商业基础设施上；支付体系正在从传统的"ATM 机+金融网点+POS 机"，演变成基于"云+支付 App+智能终端"的新体系；社会研发体系，正在从"实验室+实验装置+测量设备"，演化到基于"云+数字工具……"。BCG 曾做过分析，由于互联网支付及移动支付的出现，2011-2020 年

序

中国减少了 1 万亿元对各种移动支付、金融支付的基础设施的投入。2011 年万人 POS 机的拥有量，美国是中国的 8 倍，人均银行卡拥有量是中国的 8 倍，而今天中国移动支付的规模是美国的 80 倍。中国用了更少的传统基础设施，更多数字基础设施，创造了更大的经济社会的价值。

西门子（Mindsphere）、施耐德（EcoStruxure）、罗克韦尔（Factory Talk Cloud）、ABB、阿里 supET、三一重工、徐工等传统企业，围绕"智能机器+云平台+工业 App"功能架构，整合"平台提供商+应用开发者+用户"生态资源，纷纷打造工业互联网平台，布局 IoT 数据采集体系、培育海量开发者，打造基于产业互联网平台的新生态。业界也正在涌现出一批产业互联网平台独角兽，如美国的 Uptake、C3，中国的树根互联、徐工信息、美云智数等。从全球来看，虽然进展较慢，但产业平台化的潮流势不可挡。

从基础设施的视角看，数字技术正在解构一个旧世界，建立一个新世界，即一个数字孪生世界。数字社会的终极版图就是在赛博空间构建起一个与物理空间泛在连接、虚实映射、实时联动、精准反馈、系统自治的数字孪生世界，这一历史进程将会持续二三十年。数字孪生的世界，就是在比特的汪洋中重构原子的运行轨道，物理世界与数字世界的交互将实现从静态、动态向实时不断演进，这将驱动赛博空间的数字孪生无限逼近真实物理空间，基于"物理实体+数字孪生"的资源优化配置将成为数字经济的基本形态。数字孪生世界的意义在于，在比特的世界中构建物质世界的运行框架和体系，构建人类社会大规模协作新体系。从这个意义上来看，数字基建是就构建数字孪生世界

数字基建
通向数字孪生世界的迁徙之路

大厦的"地基"。

以物联网、云计算、边缘计算、人工智能、移动化、数字孪生等为代表的智能技术群落，在不断融合、叠加和迭代升级中，为未来经济发展提供高经济性、高可用性、高可靠性的技术底座。今天"IoT+5G+云+AI+数字孪生"所构筑的数字基础设施体系更复杂，在"数据+算力+算法"的这套体系中，基础设施功能的发挥更大程度上取决于多种技术的集成，技术迭代的频率更快、相互依赖性更强、整体功能演进的速度更高效。

全球数字化转型的新一轮竞争大幕已经开启，围绕 2B 端数字化产品和解决方案、商业模式充满了历史性机遇，竞争也更加激烈。围绕新型数字基础设施战略布局，中美的投资差距巨大，美国吸引了全球 SaaS 融资的 70%，而中国只有 11%；美国数字化领域的投资消费端（2C）与供给端（2B）的比例是 6∶4，中国是 20∶1，中国只有 5% 的资本流向企业级数字化解决方案提供商。从产出看，美国一批软件企业实现基于云的平台化转型，美国企业级 SaaS 公司超过 90 家，Saleforce、Zoom、Workday 等 SaaS 平台快速成长，市值总和超过万亿美元，相当于中国企业级 SaaS 市值的 10 多倍。

数字化迁徙之旅的同路人，一起寻找通向数字世界的"诺亚方舟"

2020 年是数字化分水岭。作为云计算前浪的 Salesforce 市值超过了 Oracle，美国风电公司 NextEra 市值已经超过埃克森美孚，成立仅 4 年的美妆品牌完美日记市值达到 122 亿美元，食品、服装、家电等传统红海中一批数字原生的独角兽加速崛起。2020 年的新冠肺炎疫

序

情带给人们最重要的启示是，数字化从一个选择题演变成了一个必答题，但问题是，这个必答题没有现成的答案。数字时代应该也必然是一个共创的时代，我们需要找到更多数字化迁徙道路上开拓创新的同路人。

为此，2020年初，阿里研究院联合中国工信出版集团电子工业出版社、21世纪经济报道21大学、数字化企业研习社联合举办了一档数字化新商业访谈类节目——《新商业攻守道》，其定位是打造成数字经济时代的福特与泰勒对话平台，宗旨是共创商业新知，启迪数字未来。栏目聚焦数字化转型，邀请国内最具洞察和思想的企业领袖、专家大咖，围绕当下社会最关心的数字新商业前瞻性、引领性议题，捕捉数字商业潮流风向、探讨前沿洞见理念、碰撞思想、洞察未来、陪伴思考，在数字经济的大潮中，共创数字化转型之路。今天，我们将这些思想呈现给读者，期待更多同路人一起探讨数字化转型之路。

本书是在《新商业攻守道》节目专家对话内容基础上整理的，《新商业攻守道》的开播及本书的出版，是在以下各位专家和工作人员的鼎力支持下完成，我们表示由衷地感谢：中国科学院大学经济管理学院教授吕本富、中国社科院信息化研究中心主任姜奇平、苇草智酷创始合伙人梁春晓、洛可可创新设计集团董事长贾伟、雅戈尔服装控股副总徐鹏、贝恩公司资深全球合伙人丁杰、红蜻蜓品牌创始人钱金波、阿里巴巴集团副总裁肖利华、原阿里巴巴集团副总裁刘松、达索系统中国大学校长冯升华、广联达科技股份有限公司总裁袁正刚、中国航空工业集团信息中心原首席顾问宁振波、东风汽车集团有限公司技术中心主任谈民强、清华大学汽车安全与节能国家重点实验室主任李克

数字基建
通向数字孪生世界的迁徙之路

强、驭势科技合伙人邱巍、中国电动汽车百人会副理事长兼秘书长张永伟，电子工业出版社刘九如、董亚峰、缪晓红，21世纪经济报道陈晨星、赵月，数字化企业研习社副秘书长苏明灯，梦创双杨宋汝良、张少军、唐鹏、邹迪，中国商务出版社的赵桂茹，以及阿里研究院高红冰、张金淼、安琳、宋斐、林健、潘巧媛、陈涛、汪源等。

安筱鹏

目 录

上 篇

第 1 章 认识新基建：历史观、全局观、未来观缺一不可 /003

01 如何认识新基建 /004
安筱鹏：认识基础设施，需要历史观、全局观和未来观 /004
刘　松：未来 10 年是数字基础设施的安装期 /006
吕本富：基建经济学：经济萧条，资本便宜 /007

02 基础设施的历史演进 /009
安筱鹏：基础设施概念在不断演进 /009
吕本富：基础设施最重要的是要提供标准化服务 /010
刘　松：加速迭代的数字时代 /011

03 基础设施建设运营主体与管理的动态变革 /013
安筱鹏：基础设施的定义与管理是动态调整的 /013
吕本富：基础设施运营的动态管理与理论创新 /014
安筱鹏：电信运营商的主体因技术而变 /015
刘　松：数字基建的主体应是多元的 /016
吕本富：期望新基建助力经济结构调整 /018

数字基建
通向数字孪生世界的迁徙之路

第2章 新基建，到底新在哪里 /021

01 新基建构筑新世界：数字孪生世界 /022

安筱鹏：新基建：数字孪生世界的"铁公基" /022

刘　松：数字基建是由大量的科学家、企业家和知识网络支撑的 /023

吕本富：新基建的价值就是用比特引导原子 /024

02 新基建构建新架构：数字技术基础设施+数字商业基础设施+新型物理基础设施 /026

安筱鹏：传统IT基础设施加速向云化基础设施切换 /026

刘　松：数字基础设施的三层架构体系 /027

吕本富：新基建以云为核心，不能走传统IT建设的老路 /029

刘　松：新基建如何避免"重硬轻软"：要实现硬件、软件、人件建设的恰当组合 /030

03 新基建创造价值的关键：铺就通向创新驱动之路 /032

安筱鹏：新基建提高了整个社会的资源配置效率 /032

安筱鹏：数字基础设施可以低成本复制，更高效地支撑经济社会运行 /033

吕本富：数字基础设施的价值，要重点关注数字红利 /035

第3章 数字基建的价值：从连接到赋能 /037

01 数字基建的"赋能"机制 /038

刘　松：数字基础设施基于技术"核聚变"，通过"赋能"创造价值 /038

目 录

安筱鹏：数字基础设施"赋能"的本质，在于提供智能工具和
科学决策 /039

刘　松：热门的遥感 AI：从感知到判断再到决策 /041

吕本富：智力成果的"集成器"，也是未来新基建的一部分 /042

安筱鹏：算法市场正在崛起，以风电功率预测 App 为例 /043

02 降低试错成本，是新基建的重大价值 /046

安筱鹏：知识资产的比特化、模型化，不断创造更多价值 /046

吕本富：新基建与知识创新带来的最大益处：降低试错成本 /047

安筱鹏：构建通向零成本试错之路，是数字孪生世界带来的
最大价值 /048

刘　松：数字基础设施的创新优先逻辑 /049

03 新基建驱动所有企业向"客户运营商"转型 /051

安筱鹏：未来所有的企业都应该成为客户运营商 /051

吕本富：新基建意味着基础设施从硬件型为主升级到知识型为主 /053

第 4 章　未来 10 年是新型数字基础设施的安装期 /055

01 工业物联网：从单机智能到系统智能 /057

02 数字化转型的基本矛盾：企业全局优化需求与碎片化供给之间的矛盾 /062

03 数字化转型 2.0：如何定义这个时代 /064

04 重新思考数字化转型的动力 /068

数字基建
通向数字孪生世界的迁徙之路

第 5 章 "早上线,早受益"——数智化升级驱动新增长 /071

01 中国高速增长的"电梯":和平与发展的伟大时代 /073

02 数智化转型——未来企业成功的要素 /075

03 以消费者为核心——数智化转型的几个关键词 /077

04 如何进行数智化转型 /081

第 6 章 从"抗疫"看企业数字化转型的五大启示 /085

01 疫情是对企业数字化转型进程的一次检阅 /086

02 如何面对不确定性:从平台公司抗疫看数字化转型的五大启示 /089

中 篇

第 7 章 数字基础设施与企业数字化转型 /103

01 先进的生产力推动基础设施变革,催生新的生产关系 /105

梁春晓:基础设施的变革,推动新商业文明诞生 /105

姜奇平:数字化基础设施出现后,使用权和所有权再次分离 /106

目 录

    梁春晓：基础设施改变的连锁反应，最先被观察到的是经济结构本身
        发生的变化　/107

    安筱鹏：云计算带来的经济社会转型是底座式迁移　/109

    姜奇平：从产权制度转变的角度看云的独特价值　/109

    梁春晓：以终为始的战略决策支持了阿里云的出现　/110

    姜奇平：云计算是"体变"而不是"用变"　/111

02 如何理解数据作为新的生产要素　/112

    姜奇平：数据作为新的生产要素，成为通用性资产　/112

    梁春晓：数据作为生产要素，与新基础设施密切相关　/113

    安筱鹏：数据作为生产要素，如何创造价值？　/114

03 数字基础设施促进知识分工的提升　/116

    安筱鹏：ICT 技术演进的基本逻辑：硬件通用化，服务可编程　/116

    姜奇平：数字化转型的趋势是多元化的　/117

    梁春晓：互联网降低了交易成本，扩大了市场规模　/118

    安筱鹏：在数字基础设施平台上，基于知识分工的产品
        会越来越多　/119

    梁春晓：数字基础设施，促进专业化分工水平提高　/121

    姜奇平：数据要素的地位和作用从边缘到了中心　/122

第 8 章　数字基础设施与消费主权崛起　/125

01 消费者主权崛起　/126

    安筱鹏：未来 10 年，企业面临的最大挑战是消费者主权崛起　/126

    姜奇平：不是企业管理用户，是用户"管理"企业　/127

数字基建
通向数字孪生世界的迁徙之路

　　　梁春晓：数据化支撑、大规模制造、个性化服务三位一体 /128
　　　姜奇平：需求专业化，把需求管理从业余变为专业 /129
　　　安筱鹏：面对消费者主权崛起，企业要从单轮驱动转为双轮驱动 /131

02　组织的网络化与生态化　/133
　　　姜奇平：从企业演变为生态或网络 /133
　　　梁春晓：互联网的出现，催生新的网络组织 /134
　　　姜奇平：网络组织以使用权为效率边界 /134

03　如何解读"上云用数赋智"行动计划　/136
　　　姜奇平：利用数据流，建立数字化产业链体系 /136
　　　梁春晓：全球产业链重构离不开数字基础设施 /137
　　　姜奇平：通用目的技术转化成了通用性资产 /137

第9章　通往客户运营商（C2B）之路　/139

01　消费者主权时代已来　/140
　　　贾　伟：消费者主权崛起，实质是消费者想象力崛起 /140
　　　刘　松：中国富有想象力的年轻一代将引领全球第二次消费革命 /141
　　　安筱鹏：如何响应消费者主权崛起，成为企业的核心竞争力 /142

02　智能的叠加，让产品更懂我　/143
　　　贾　伟：智能让万物有灵、独一无二 /143
　　　刘　松：智能叠加，让产品更懂我 /144
　　　安筱鹏：世间万物可以分为物联网的原住民、移民和边民 /145
　　　刘　松：智能时代没有孤独的产品，智能叠加与智能商业体系
　　　　　　　彼此共存 /146

目 录

03 软硬件解耦分离，消费者参与产品创造和定义 /147

安筱鹏：智能产品的功能很大程度上取决于消费者下载的
最新软件版本 /147

贾 伟：消费者与数据和算法共创新品的时代已经到来 /148

刘 松：产品共创，软件让消费者自定义 /149

贾 伟：供需合一，产生新的创造力 /150

第 10 章 中国企业的 C2B 之路 /151

01 用平台思维响应消费者粉尘化的需求 /153

贾 伟：需求粉尘化，用户成为创造者、决策者 /153

安筱鹏：企业的挑战：如何响应需求的变化 /154

刘 松：企业要有平台思维，把主导权放给用户 /155

安筱鹏：未来企业的自我定位——客户运营商（C2B）/156

刘 松：工业互联网，与用户全链路连接 /157

02 C2B 共创模式响应用户粉尘级需求 /159

贾 伟：消费者成为主导者 /159

刘 松：基于知识产权创造的互联网新生态 /160

刘 松：能力的互联网更多的是设计能力、想象力 /161

刘 松：未来的赢家，是把消费者当成创造力的企业 /162

03 中国特有的 C2B 数字化转型之路 /164

安筱鹏：企业数字化转型的平台化路径 /164

贾 伟：用数字赋能社会化资源，数字化是企业平台化转型的必选项 /165

安筱鹏：中小企业数字化转型的价值 /166

安筱鹏：场景数字化连接，构建供需一体化的场景　/167
刘　松：供给侧数字化转型面临的挑战　/168
安筱鹏：把握数字化转型机遇，赢得未来　/169

04　中国特有的数字化转型之路　/170

安筱鹏：拥抱内外场，以消费端数字化牵引供给端数字化　/170
刘　松：数字化转型有赖年轻一代的想象力　/172
贾　伟：未来10年，供给侧新技术飞奔的10年　/172
刘　松：新一代数字化转型是思维变革　/173
安筱鹏：数字化终极版图，让所有产品拥有数字生命周期　/174
刘　松：垂直领域的产业互联网公司，未来可期　/175

05　洛客，企业智能化演变案例　/176

贾　伟：重构企业价值网络，从洛可可到洛客云智能　/176

06　构建数据驱动的新价值网络，重塑企业价值　/178

贾　伟：供需一体，量子级的复杂性创造响应粉尘化的需求　/178
刘　松：企业数字化转型的关键词　/179

第11章　再出发，后疫情时代数字化转型的下一站　/181

01　数字化转型领先企业如何应对疫情　/182

徐　鹏：疫情下的雅戈尔受益于前期数字化布局　/182
丁　杰：新冠肺炎疫情对不同行业的影响与数字化转型分析　/183
丁　杰：如何利用数据进行消费洞察和企业转型　/184
丁　杰：Protect-Recovery-Retool，企业应对疫情三部曲　/186

目 录

02 数字化转型领先企业的启示与思考 /188

徐　鹏：客群数据挖掘，雅戈尔数字化转型的着眼点　/188

丁　杰：寻找高价值客户的方法论：FAST、GROW 体系　/189

徐　鹏：线上线下交集的客户价值最高，线上线下深度融合是趋势所在　/190

徐　鹏：品牌力建设和提升，是国内服装企业的战略布局　/191

丁　杰：上游思维，用消费者数据驱动企业决策　/192

丁　杰：丰富的消费场景带给企业全新的机遇　/193

03 阿里商业操作系统整体赋能企业数字化转型 /195

徐　鹏：雅戈尔与阿里的数字化共创　/195

丁　杰：整体赋能，阿里商业操作系统独一无二　/196

安筱鹏：智能化是新数字基础设施最大的价值　/197

徐　鹏：扩大客群，雅戈尔与阿里业务数据共创　/198

丁　杰：商业操作系统的进化论思维和企业的成长　/199

04 数字经济时代，企业数字化再出发 /201

徐　鹏：未来企业数字化转型的三要素　/201

丁　杰：未来数字化企业的品牌发展三阶梯　/202

安筱鹏：未来数字化企业都是客户运营商　/202

第12章　再布局：后疫情时代的企业链路数智化转型　/205

01 站立于疫情中的数字化先行企业　/206

02 数字平台赋能组织与个人　/211

03 阿里商业操作系统（ABOS）的全域解决方案　/217

数字基建
通向数字孪生世界的迁徙之路

  04 全域运营下的直播 /219

  05 未来企业数字化转型建议 /222

下 篇

第 13 章 从巴黎圣母院重建 看数字孪生建筑 /227

  01 数字孪生技术在建筑中的应用 /228
    冯升华：数字孪生让巴黎圣母院重生 /228
    袁正刚：数字孪生在建筑行业应用发展迅速 /229
    冯升华：数字孪生可以应用于建筑的全生命周期 /229

  02 数字孪生的价值 /231
    冯升华：数字孪生的价值：最优建造方案 /231
    袁正刚：数字孪生给客户带来价值：成本、进度、质量安全 /232
    安筱鹏：数字化，满足企业全局优化的需求 /233
    冯升华：数字孪生的发展方向：从产品延伸到周边环境 /234
    袁正刚：广联达建筑业数字化转型案例 /235

  03 数字孪生与数字孪生城市 /237
    冯升华：数字孪生与智慧城市解决方案 /237
    袁正刚：城市理念更新与城市数字化发展 /238
    安筱鹏：全生命周期管理，数字孪生城市的重要价值 /239

目 录

第 14 章　数字孪生：从细胞、心脏到新冠肺炎新药开发　/241

01　数字孪生重现历史，也在设计未来　/242
冯升华：数字孪生与未来城市和空间探索　/243
安筱鹏：数字孪生的三个发展阶段　/244

02　数字孪生，从细胞、心脏到新药研发　/245
冯升华：数字孪生与生命科学　/245
冯升华：数字孪生与新药的研发　/247
冯升华：材料科学领域的数字孪生　/248
安筱鹏：数字孪生：通向低成本的试错创新之路　/249

03　数字孪生的未来趋势　/251
冯升华：数字孪生的关键词　/251
袁正刚：建筑行业数字化加速度发展　/252
安筱鹏：数字孪生的美好未来　/253

第 15 章　从波音 777、飞豹到 SpaceX：数字孪生的过去与未来　/255

宁振波：从二维到全三维数字化设计　/256
宁振波：新飞豹，中国第一架全机数字样机　/258
宁振波：数字孪生——猎鹰九号成功回收火箭的关键　/258
冯升华：数字孪生技术的演变　/259
宁振波：全三维建筑设计，创造敦煌奇迹　/260
冯升华：从 Thing 到 Life，数字孪生向生命科学演进　/261

数字基建
通向数字孪生世界的迁徙之路

第 16 章　传统企业如何拥抱数字孪生世界　/263

01　数字孪生与工业互联网不断融合　/264

冯升华：数字孪生与人工智能深度结合，带来设计革命　/264
宁振波：管理创新：并行工程理念从工业过程引申到管理运营　/265
冯升华：数字孪生提升体验感，体验是一切的开始　/266
宁振波：正确理解数字孪生的对应关系　/267
冯升华：三维体验平台：设计、模型、制造融合　/267
安筱鹏：数字孪生与消费新品开发　/268

02　制造业数字化的美好未来　/270

安筱鹏：数字孪生，通向零成本试错之路　/270
安筱鹏：数字孪生创造美好未来　/271

第 17 章　后疫情时代汽车行业的智能化之道　/273

01　张永伟：中国汽车市场发展和产业变革的方向　/275

02　谈民强：打造无缝化移动服务的生态新模式　/279

03　李克强：汽车智能化发展亟须云控网联化赋能　/283

04　邱　巍：后疫情时代无人驾驶技术、产业和资本的发展路径　/288

05　智能汽车的技术趋势与产业未来　/292

刘　松：未来 10 年，中国可能成为汽车产业重大变革的主场　/292
谈民强：无人驾驶汽车的发展路径　/293
邱　巍：垂直领域无人驾驶技术的应用　/293

目 录

李克强：云控平台系统的技术演进　/294
张永伟：云控平台的阶段性发展　/295

06　消费新生代推动智能汽车发展　/296
谈民强：智能汽车市场年轻消费者需求分析　/296
张永伟：新生代定义汽车网联化移动体验　/297
邱　巍：智能汽车将成为娱乐社交性的空间　/298
李克强：安全、节能是汽车永恒的主题　/299

07　智能汽车的商业化前景　/300
李克强：正确认识智能网联技术和产品技术发展战略　/300
谈民强：智能汽车发展布局要兼顾眼前和未来　/301
邱　巍：重新思考汽车发展之路　/302
张永伟：两化推动汽车产业规律和组织模式的变革　/302
刘　松：汽车行业的全新产业生态　/303
刘　松：智能汽车产业的 10 年巨变　/304

上篇

吕本富
中国科学院大学经济管理学院教授、
网络经济和知识管理研究中心主任

刘 松
原阿里巴巴集团副总裁

安筱鹏
阿里研究院副院长

第1章

认识新基建：
历史观、全局观、未来观
缺一不可

01
如何认识新基建

安筱鹏：认识基础设施，需要历史观、全局观和未来观

你能看到多远的过去，就能看到多远的未来。要说清楚新基建，需要回归到什么是基础设施，**需要具备历史观、全局观和未来观。**

回顾 250 年工业革命的历史进程、基础设施的发展史可以发现：**一次产业革命，一代基础设施。**著名学者佩雷斯曾在《技术革命与金融资本》一书中，把过去 250 年的工业革命分成五个阶段。第一阶段是英国的产业革命，当时的基础设施是水运和河道的运输。第二阶段是蒸汽动力火车在英国的试验成功，人类进入了蒸汽和铁路时代。当时的基础设施是蒸汽动力的启动。第三阶段是在美国，以卡耐基酸性转炉钢厂在匹兹堡的开工为标志，人类进入了钢铁、电力的重工业时代。在这次产业革命过程中，重要的基础设施是世界范围的航运、世

第 1 章
认识新基建：历史观、全局观、未来观缺一不可

界范围的铁路。第四阶段以 1908 年福特汽车的 T 型车生产为标志，人们进入了石油、汽车大规模生产时代。当时的基础设施是公路、港口、高速公路等各种各样的现代化的交通体系。1971 年，随着英特尔的微处理器的出现，人们进入了第五次产业革命，进入了数字经济的远程通信时代。

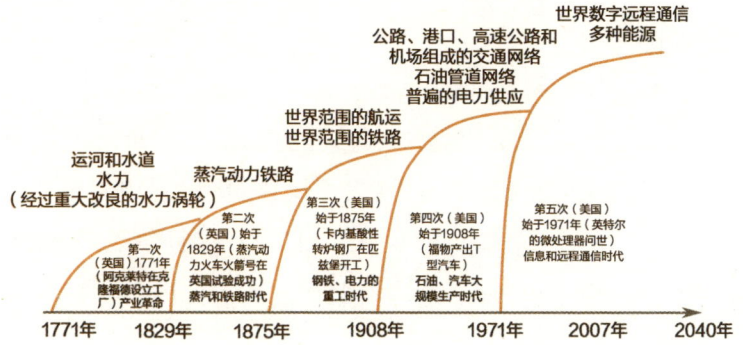

一次产业革命，一代基础设施

我们今天回顾产业革命和基础设施的发展，可以看出，每次产业革命都带来了新一代的基础设施。从 200 多年的工业发展历史进程来看，每次产业革命有 30～60 年的时间，大都可以分成两个阶段：基础设施的安装期和拓展期。前期的 20～30 年是基础设施的安装期，后期的 10～30 年是拓展期。

数字基建
通向数字孪生世界的迁徙之路

刘松：未来 10 年是数字基础设施的安装期

我们现在正在经历信息技术革命。从 1971 年到现在接近 50 年了，这其中有三个大的阶段，即**信息化记录、消费互联网、信息技术革命 2.0** 三个阶段。

从 1971 年英特尔发明微处理器开始，到后来的 Wintel，一直到 2000 年左右，基本上这 30 年是信息化记录的时代，大型机也好，小型机也好，包括 ERP、数据库、操作系统，基本上是解决应用的信息化。

这之后的 20 年，跟前面 30 年不太一样。工业时代的变革迭代可能 30～50 年一次，到了信息时代基本上缩短到了 8～10 年。所以过去的 20 年，我们就经历了两波浪潮。

第一波浪潮是由智能手机带来的消费互联网时代，沉淀了 App、大数据、云计算这样的技术。这个阶段从十几年前开始，2007 年乔布斯发明智能手机可以作为标志。借助智能手机，人们随时随地能够感知技术变革带来的便捷与效率。

近几年，则是以大数据和人工智能的结合及 5G、物联网等为标志的第二波浪潮。再往下看，未来 10 年，到 2030 年（甚至到 2035 年），可能是第三波浪潮。在这一波浪潮中，过去四五十年的技术积累，正在产生"核聚变"。未来，最重要的是数字世界和物理世界的叠加。这是

第1章
认识新基建：历史观、全局观、未来观缺一不可

我们看到的信息技术革命2.0。

所以，**未来的10年，正是数字基础设施的安装期**，包括大家熟知的5G、大数据、人工智能、物联网及区块链，是一整套的基础设施。大家可能会感觉这些基础设施的投入有些超前，但可能不到10年，这些基础设施就又不够用了。

吕本富：基建经济学：经济萧条，资本便宜

我们可以把范围放得更广一点，先不说数字基础设施。为什么在经济萧条或者说经济处于下行周期时，往往去做大规模的基建？

原因很简单，在经济比较兴旺或者高速发展的时候，资本是很贵的，资本的回报率逾6%，甚至能达到百分之十几；而经济略有萧条的时候，资本回报率为4%～5%。所以，**在经济萧条或者经济下行的时候，资本是最便宜的，这个时候做基建成本最低，投资最有效。**

做基建的另一个原因是"要想富，先修路"。基础设施建设，不外乎是让人流、物流、信息流、交易流的流动更快。在大城市、超级城市里做基建，投1块钱，可以诞生1.5个就业机会，要是投在分散的区域，就业机会是小于1的，但是如果道路等基础设施能把碎片化的市场连起来，那么它创造的效益就会更高。

数字基建
通向数字孪生世界的迁徙之路

　　西方有一种观点认为，中国在非洲做基础设施投资是对非洲资源的掠夺，这种观点是不对的。打个比方，非洲的一个部落用了中国的自行车，自行车很便宜，可以把他的活动范围扩大 40 千米；如果骑中国的摩托车，活动范围可以扩大到 150 千米，由此导致当地的农产品售价可能会上涨 30%，这就是市场化。所以说，中国为非洲带去的是巨大的机会。但是，有车就得有路，这就需要基础设施建设。所以**基础设施的扩大，本质上是市场范围的扩大，它是国际化、市场化的基础。没有市场的基础，企业经营就无从谈起**。企业的物流能到哪里，它的市场就能扩展到哪里。企业扩大服务半径，主要就在于基础设施的延伸。

　　所以，从基建经济学来看，基础设施有三个关注点。**一是投资回报周期**，在经济下行的时候比较合适，现在疫情冲击，经济运行相当于下行状态。**二是扩大了流通范围**，基础设施的建设是围绕市场化加深展开的。服务半径的扩大，就是市场化程度在加深，这也是最重要的。**三是服务与城市化**，包括两类基础设施的深化，一类是物流在我们广阔国土上的深化；还有一类是城市化加深所带来的配套公共基础设施的深化。例如，现在能否建议每个社区搞一个智能物流接驳站，这就是基础设施的深化。这两类基础设施的深化都会带来很好的经济效果。

　　这就是基建经济学的道理。

第 1 章
认识新基建：历史观、全局观、未来观缺一不可

02

基础设施的历史演进

安筱鹏：基础设施概念在不断演进

不同的时代有不同的基础设施，基础设施概念本身在不断演进。

100多年前，电灯发明后，开始有了电的应用和普及，那时候供给端在工厂，发电装置是那个时代制造企业的标配，大部分的制造企业都自备电厂，真正的公共电厂数量非常有限。当时企业家们肯定也在思考，公共电厂的电供给不稳定、不安全，会直接影响到企业的正常运行。在某种程度上，就像今天的云计算，很多时候企业家会想：我有那么多数据，云计算是不是不太安全？所以不少企业都会有自己的计算中心，就像19世纪80年代企业自备电厂一样。但是由于电的规模经济及技术本身的发展，大家对公用电力的经济性和安全性消除顾虑之后，"中央电厂+电网"这样的基础设施就快速发展普及起来。1907年，中央电

厂的模式占到当时美国用电量的 40%，20 世纪 20 年代是 70%，30 年代是 80%，40 年代是 90%。20 世纪 30 年代，"中央电厂+电网"的模式成为工业社会的基础设施。从电的使用到电力成为工业社会的基础设施，这个过程用了 50 年时间。

今天，我们在看云计算或者新的基础设施的时候，大概相当于当年电力发展的早期，很多方面正在加速体系化。所以，未来的 10 年或者更长的时间是一个新的基础设施的安装期。企业原有的运营底座由于云、5G 等新技术而不断被数字化，新技术本身再封装将是一个更加高效的基础设施。这个更高效的基础设施，企业、政府、医疗教育机构所依赖的基础设施将不断地切换和升级。

吕本富：基础设施最重要的是要提供标准化服务

为什么电厂能成为公共基础设施？主要是电厂的服务标准化，用电表进行计量就可以了。**正是电厂的标准化服务使其成为公共基础设施。**现在云计算的服务可能标准化程度还不够高。除了电力，现在也有太阳能、光伏、风能发电等环保能源，然而回到电力（作为能源）供给本身来讲，对于用户端来说，标准化是核心。适合社会发展的业态，就是标准化的公共服务。太阳能等新能源，最后会涉及电力存储，一定是

第1章
认识新基建：历史观、全局观、未来观缺一不可

到中央电网那里，最终还是会涉及标准化服务，除非是类似家庭太阳能板储能自用的模式。

数字基础设施的路还要走多久？我判断时间不会太长，时代是加速度发展的。只要形成一个完整的业态和生态就快了。比如说，企业现在接入云计算服务，如果这项服务的数据清洗、各种算法等全都标准化了，那企业就不需要再开发了，接上云计算的服务，就相当于电力使用的即插即用了。

我的基本判断是，电力是物理动力，而大数据是精神或者思维动力，是在比特世界里的思维动力。人工智能也罢，各种数据算法也罢，它一定要成为比较标准化的模块，这样企业就不需要雇人再开发了。毕竟，重组的效率比开发的效率要高。

刘松：加速迭代的数字时代

电力服务的标准化，从最开始到形成标准体系，经过了几十年的演进。总的来说，在一个国家内，电是有统一标准的，电的标准化最大的好处是衍生出新的家用电器产业。也就是说，在标准化后，形成了新业态、新生态，就像现在我们做云计算一样。

数字基础设施，还有很长的路要走。现在，云、大数据、人工智

数字基建
通向数字孪生世界的迁徙之路

能……想像家用电器这种工业时代的新业态一样去发展还需要很长的时间。

但我们也要看到，从数字时代和工业时代的效率比较来看，数字世界形成一个新业态会比传统的物理世界快 4 倍。比如，淘宝用 13 年做到的年成交额 3 万亿元，是原来沃尔玛 50 多年做到的事。在 Netflix 线上形成的生态，比迪士尼 1995 年形成的业态大概也快了 4 倍。换句话说，比特世界比原子世界的效率更高。由于这个 4 倍数的加速，使得任何一个行业，用数字化重组商业模式的时候，可能有 1/4 的时间就能达到原来的规模。这就是数字化的机遇。

第 1 章
认识新基建：历史观、全局观、未来观缺一不可

03

基础设施建设运营主体与管理的动态变革

安筱鹏：基础设施的定义与管理是动态调整的

技术本身的变化，会改变基础设施建设运营的原有体系。同时，技术的不断发展也要求原来对基础设施管理的法律、政策跟着调整。我们可以通过通信基础设施的管理变革来认识这一问题。

英国电信有 100 多年的历史，原为英国国营的电信公用事业，由英国邮政总局管理，是政府直接控制的类似国有的机构。由于网络技术的发展，特别是互联网的出现，20 世纪 80—90 年代，全球兴起一场电信监管体制的变革，英国就是一个典型代表。撒切尔执政时，1981 年英国电信脱离英国皇家邮政，变成独立的国营企业。此后，它不断地把自己的国有股份出售，1984 年向市场出售 50%公股，成为民营公司。它在 20 世纪 90 年代基本上把国有股份出售完了。在这场电信监管体制的变革中，英国做得最彻底，英国电信从政企不分到"混改"，最后到私有化，但英国电信始终是全英最大电信基础设施的营运者。

过去普遍认为电信网络是天然垄断。但技术的发展使互联网分层了，电信基础网络天然垄断的部分开始与它的服务部分分层，分层之后，整个电信市场也在不断地向外开放。这背后所反映的就是，技术的不断发展，使电信的管理体系也随之发生变化。什么样的管理体系更高效，需要不断地思考、不断地变革，这是一个与时俱进的问题。所以，对基础设施的理解及管理是一个动态的概念。

吕本富：基础设施运营的动态管理与理论创新

基础设施建设的运营体系和运营主体说起来就复杂了，这确实是经济学的问题。

基础设施运营，什么样的体制比较合适？我比较赞成中国信息社会50人论坛杨培芳教授反复提到的社会化企业的理念。他主张由社会支持基础设施建设，发展新社会化企业实行社会协同治理。社会化企业的概念，不同于追求自身利润最大化的传统意义上的企业概念，社会化企业运用商业手段，去实现社会目的。

现在已经证明，如果完全由国有企业来做，会存在效率问题。但是，完全不加以规制也不行，因为关系到民生，这是公共性问题。

第 1 章
认识新基建：历史观、全局观、未来观缺一不可

所以，一方面需要引入竞争，另一方面由于网络效应的存在，网络规模越大，服务越好。所以，在基础设施建设上，怎么在保证公共服务的情况下，冲破过去所有制的思路，需要在理论上创新。这就是所谓的社会化企业，它有社会公共服务的部分，为社会提供公共服务产品或准公共产品。如果把这部分公共服务完全归为国有制运营，也是不行的。

1984 年美国司法部依据《反托拉斯法》拆分 AT&T，拆分出一个继承了母公司名称的新 AT&T 公司（专营长途电话业务）和七个本地电话公司（"贝尔七兄弟"），美国电信业从此进入了竞争时代。但事后表明，AT&T 被拆分后，老百姓得到的电信服务的成本并没有降低，但是创新性急剧下降。事实上，不仅是国有和非国有的问题，即便在全私有的情况下，在一般的情况下也不动用绝对的手段。在法律的框架下，让企业向公共利益倾斜，更多采用一种柔性监管。

安筱鹏：电信运营商的主体因技术而变

说到 AT&T 拆分，就不得不说贝尔实验室的变迁。贝尔实验室是 AT&T 创立和持股的，曾经是世界上最伟大的实验室，是全球 ICT 最好的创新源头。伴随着 AT&T 的拆分，贝尔实验室的命运被彻底改变了。AT&T 没有那么多资源投给贝尔实验室进行科研开发。这也是高强

度监管带来的一个教训。

关于技术发展给管理带来的变革,我们再看一个案例。

德国 2019 年年底给企业发了 5G 牌照,过去的 2G、3G 牌照都是发给电信运营商的。5G 一个重要的价值在于物和物的连接,在于切片技术能够更好地满足物理世界的连接,而不仅是人与物的连接。德国政府把 3.7~3.8GHz 频段的 5G 牌照发给了工业企业西门子,博世也提交了 5G 牌照的申请,大众、戴姆勒-奔驰、宝马也有兴趣去申请。可见,**由于技术的发展,对于什么是运营商这个概念也变了**。当然,这样做传统的电信运营商会不满意,德国三大运营商猛烈押击 5G 牌照的开放,因为他们的市场被瓜分了。

刘松:数字基建的主体应是多元的

关于新基建的主体,我从知识角度提供一些分析。

有人认为基建就是修路、大建筑、大工程,然而,数字基建是看不到的但又是每天都在用的,如智能手机、通信网络。所以,数字基建背后是密集的知识的积累,包括数十个甚至上百个诺贝尔奖获得者的成果,是有知识门槛的。**从知识密集度上讲,新、旧基建在知识积累上是有很大差异的。**

这体现了新基建的知识模型:知识破解及知识创新。5G 的使用更

第1章
认识新基建：历史观、全局观、未来观缺一不可

多的是在城市和工厂，那么懂城市和懂工业的人更有垂直化的能力，更能把它运营好，所以给他牌照他能做出事来，而不是只解决一个普适的基础设施的服务。**其实就是运营主体变化了，谁最有利于运营这部分知识，就交给谁。**

如果说基础设施的网络效应是一个关键点，那么另一个关键点就是数据这种新的生产要素，它是在比特世界创造了一个数字空间，带来一个完全不同的世界。用一个比喻，传统的不管是制造业还是IT行业，就像一棵封闭的大树。但是，整个互联网成为基础设施后，数据成为关键要素，具有孕育新生命的生养性。就像前些年出版的《未来是湿的》这本书说的，未来是湿的，互联网是一个生养型经济，可以不断孕育出新的有生命的东西。因此，**正是由于数字基础设施的创新性、生养性，其运行主体肯定也是多元的，这样才更有利于新的有生命的东西不断地生长出来。**

前面提到基础设施共同的特点，一个是超前投资，往往需要大资本，另一个就是公共性。但是，数字基础设施，其技术往往具有很强的创新性和专业性，同时也有其社会性，公司与公司之间形成一个生态，在生态中生长出更多新的东西，这比投资一个传统的东西更重要。所以，从另一个角度来看，**由于数字基础设施具有生养性，所以需要一个适度的成长环境。我认为，对数字基础设施建设的监管也应采用柔性监管。**

吕本富：期望新基建助力经济结构调整

2008年金融危机，我们有4万亿元资金的刺激计划。20世纪七八十年代中国台湾地区和日本也是做大基建去刺激经济，日本人仅北海道的水道就修了两个，对日本列岛进行改造，对物理世界改造。2008年我国的刺激计划现在看也没错，但有两个反思。

第一个反思是我国经济对房地产的依赖度提升。房地产是个持有资金最强的行业，所以带来利润提升，但是在就业上不行，道理也很简单：一业兴，百业不能凋敝；一业兴，百业就有压力。

所以这次新基建，经济学界也有人不建议搞大刺激。这次危机中哪些人受损了？服务业、外贸企业，以及低收入者，他们是这次疫情最大的受损者。所以，怎么能够精准地把政策惠及他们，而不一定是降低利息，不一定是财政补贴，不一定是刺激政策。刺激政策最大的问题是最后大企业一定是最大的受益者，大企业得到好处，就会使经济结构进一步畸形化。

第二个反思就是关于供给侧结构性改革和经济结构调整。在金融危机之前，我们就已经说要进行供给侧结构性改革，已经说要调整经济、追求高质量发展，就是想调整过去不健康的经济结构。但对房地产的过度依赖，使得银行和房地产构成了两轮驱动。

第 1 章
认识新基建：历史观、全局观、未来观缺一不可

要把新基建和旧基建分开，不是以大项目而论。如果这次依旧采取过去旧基建的套路，有没有作用呢？短期也许可以拉动很快，但是带来的经济结构不健康可能更甚。如果趁这个时候，**我们能在经济下行时，把经济结构调整过来，这将是新基建巨大的意义。**

扫码观看本期视频

吕本富
中国科学院大学经济管理学院教授、
网络经济和知识管理研究中心主任

刘　松
原阿里巴巴集团副总裁

安筱鹏
阿里研究院副院长

第 2 章

新基建，
到底新在哪里

2

01

新基建构筑新世界：数字孪生世界

安筱鹏：新基建：数字孪生世界的"铁公基"

新基建到底新在哪里？由信息通信技术构筑的数字基础设施，正在解构一个旧世界，建立一个新的世界——数字孪生世界。**数字孪生世界的本质是在比特的汪洋中重构原子的运行轨道。**数字孪生世界的意义：通过物理世界与数字孪生世界的相互映射、实时交互、高效协同，实现在比特的世界中构建物质世界的运行框架和体系，构建人类社会大规模协作新体系。数字基建就是构建数字孪生世界大厦的"地基"。数字化的过程是把物理世界比特化，构筑一个数字孪生的世界，在数字孪生世界形成物理世界资源配置效率的决策，并把决策反馈给物理世界，用更低的成本、更高的效率实现物理世界的资源优化。数字化的逻辑概括成一句话，就是比特去引导原子。

第 2 章
新基建，到底新在哪里

刘松：数字基建是由大量的科学家、企业家和知识网络支撑的

这次疫情把我们经济社会运行强行切换到了数字世界。疫情期间，大家通过钉钉实现在线办公、在线会议、在线学习，通过网上购物来满足日常需求，其实人们已经在比特世界、数字空间中开始工作、学习、生活，解决各种生产力、生产关系的问题。尤其是疫情使得非 IT 人士理解了数字世界的工作和生活运行方式。疫情期间，我们的工作、生活、教育已经在比特空间中开始构建了。2003 年"非典"的时候还没有这样的条件，还没有构建数字基础设施来支撑我们的生活和工作。同时，疫情也让我们发现了之前许多无效的工作。

我们看到的只是疫情期间经济、社会运行的结果，它背后的支撑是数字基建，数字基建与传统基建的重要区别在于，数字基建是由大量的科学家、企业家和知识网络支撑的。我们今天能享受的每个应用带来的便利，其实都是过去 50 年来科学家、工程师、企业家的知识积累。原有基于物理世界的基础设施正在向赛博空间、数字空间切换，进而给我们带来在工作生活上极大的便利，这是数字基础设施带来的社会价值。

吕本富：新基建的价值就是用比特引导原子

新的基础设施所要建设的数字世界，与过去的原子世界不同，是比特在引导原子，这个定义是比较准确的。新基建，如果完全是一个比特的数字世界，那就是在玩游戏，不是新基建的本质特征；新基建如果仅涉及纯粹的原子世界，那就是旧世界。新基建最重要的特征，是用比特引导原子。最近这些年我们在不知不觉中，走到了比特引导原子世界的道路上。比如，出差、出游前要使用数字地图，购物前要查询网友点评，了解信息后再行动，这就是比特引导原子的常见场景。这几年在**数字政府建设中提到的"最多跑一次"，也是典型的比特引导原子的场景。**

没有被比特引导的原子世界，意味着效率和价值的浪费。现实生活中，已经被比特引导原子的领域，效率更高；还没有被比特引导原子的领域，往往处于低效率状态，甚至是混乱状态。举个例子，生鲜的时效性使它成为**电商最难啃的骨头**。中国生鲜浪费达到35%，美国在大农业下，生鲜从包装到物流的标准化，中间环节的浪费只有5%。中国过去几千年的小农经济，生产端和消费端都是高度碎片化的，许多环节还没有达到用比特引导原子的状态，未来的空间很大。**没有被比特引导，就意味着效率和产值的浪费。**

新基建建设中的挑战如下。**一是跨界融合**。工业互联网最能体现这

第 2 章
新基建，到底新在哪里

个跨界引导的难题，比特引导原子，涉及每个细化垂直领域的知识模型，涉及隐性知识如何显性化，涉及多部门、专业人群如何协作。二是**路径依赖**。一个国家数字化路径与原子世界的制度基础强相关，中国小农经济决定了农业数字化的路径依赖，中国与其他国家大农场的制度设施不一样，这决定了中国数字化道路一定是独特的。三是**用户习惯**。疫情期间用户习惯从线下强行切换到线上，让我们在一种极端状态下看到了数字化的价值，也就是比特引导原子的价值。

后疫情时代，我们需要思考的问题是：如果疫情完全结束我们是不是要回到之前的状态，许多场景下不再需要用比特引导原子？疫情结束后如何能使用许多基于数字化的新业态，如在线学习、在线办公、在线会议、在线医疗、在线签约等，能否继续保留，从一种非常态转化为一种常态？

我们可以大胆提一些建议，比如，我们是不是可以考虑，以后中小学 20% 的学校教学活动必须在线上完成，50% 的各类 K12 辅导班的课程必须线上完成；比如，国内三甲医院评审标准中是不是补充一条：50% 的流程必须在线上完成，到医院看病直接进诊室，从而减少医疗资源的浪费。我们需要通过建立一套强制性的管理评估体系来实现比特引导原子，提速新基建，促进经济高质量发展，提高人民生活水平和社会福利。

02

新基建构建新架构：数字技术基础设施+数字商业基础设施+新型物理基础设施

安筱鹏：传统 IT 基础设施加速向云化基础设施切换

未来 10 多年是传统 IT 架构向新型数字基础设施切换的关键期。人类商业世界的复杂性，人们对高质量生活的追求及新技术的持续涌现，使得基于传统 IT 架构的信息设施体系越来越难以适应需求的变化。我们今天讲的新型数字基础设施，不是 5 年或者 10 年前业界所讲的传统 IT 基础设施，而是一个基于"云+5G+移动化+IoT"的新的数字基础设施，这样的基础设施才能够应对商业系统的复杂性，形成面向角色、面向场景、响应需求的解决方案。如果没有政策引导，新型数字基础设施建设将会是一个相对缓慢的过程；新基建的政策着力点，应该是

第 2 章
新基建，到底新在哪里

加速这一历史进程。

新型数字基础设施的普及，使得大量重复性的体力和脑力劳动被机器和人工智能替代，降低了每个企业、每个组织、每个人的创业、创新门槛，激发了人们的积极性、主动性和创造性，它的意义不只在于**实现了社会"存量"资源优化配置效率的提高，更在于重构了各个社会基于"增量"的创新体系，推动企业家精神的规模化崛起**。

刘松：数字基础设施的三层架构体系

数字基础设施的架构体系有三层。

数字技术基础设施：数字基础设施的框架底层是数字技术基础设施，数字技术基础设施是"数据+算力+算法"所构建的通用的技术平台。通过5G、NB-IoT、时间敏感网络、宽带等，把数据、算力、算法及人货场等主体连接起来。未来数字基础设施的底层解决的是生产力问题，要建立一个新的人机协同的技术底座。

数字商业基础设施：数字基础设施底层之上是我们过去10年最熟悉的各类数字平台，或者叫数字商业基础设施，包括电子商务平台、物流平台、支付平台、工业互联网平台、生活服务平台、公共出行平台、文化娱乐平台等。这次疫情，大家已经感觉到它的作用和价值，但它还会继续延伸出两个特征：一个是继续下沉到五六线城市和农村去填补

数字基建
通向数字孪生世界的迁徙之路

社会鸿沟，从而使其变成一种普惠化的服务，同时扩展到其他国家更大范围中；另一个延伸的特征就是利用区环链技术提升信任。

新型物理基础设施： 数字基础设施上面还有一层是新型物理基础设施，其实是现有基础设施的智能化。数字技术的发展不断融入传统的铁路、港口、公路、电网、城市管网等传统基础设施中，推动着传统港口、机场、高铁的数字化改造，成为更加智能、便捷、高效的新型物理基础设施。这就是比特引导的物理世界，服务于政府、企业与个人的数字基础设施，最终推动人类社会迈向数字社会新时代。

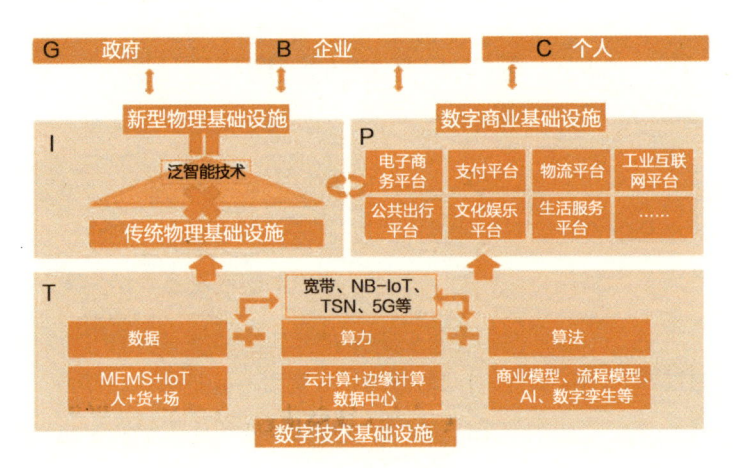

	G 政府	B 企业	C 个人
I	新型物理基础设施 泛智能技术 传统物理基础设施	P	数字商业基础设施 电子商务平台 / 支付平台 / 物流平台 / 工业互联网平台 公共出行平台 / 文化娱乐平台 / 生活服务平台 / ……
T	数据 MEMS+IoT 人+货+场	宽带、NB-IoT、TSN、5G等 算力 云计算+边缘计算 数据中心	算法 商业模型、流程模型、AI、数字孪生等
		数字技术基础设施	

我们可以设想一下未来基于新型数字基础是一种什么体验：几年后，你订阅了一个去全球任何一个地方的数字交通服务，系统会给你自动安排一个用时最少、成本最低、实时优化的出行方案，你不用操心哪个机场、哪个航班、哪辆高铁、谁来接送等，传统物理基础设施与数字基础设施高度融合。这也是另一种比特引导原子的现实场景。

第 2 章
新基建，到底新在哪里

吕本富：新基建以云为核心，不能走传统 IT 建设的老路

当国家在倡导新基建的时候，我最担心的是全社会数字化建设会一窝蜂走到传统 IT 建设的老路上，对 IT 系统理解没有变，穿新鞋走老路。大家热衷于搞数据中心、买服务器、建机房、找传统集成商、搞传统数据库，然后两三年上个应用系统。传统 IT 基础设施建设的逻辑，效率极低。疫情期间，阿里开发了各类支持医疗防疫、政府抗疫、居家生活、在线办公、在线学习的系统，这些系统的开发都是以"天""小时"来计的，其背后重要的原因之一是阿里是全球核心业务系统全面上云的公司，是完全构建在新型数字基础设施之上的公司，基于"云+中台+工具+组织"实现了各类需求的快速响应。但是我们也看到，疫情期间，原有许多信息系统发挥作用不够，如果新基建走到传统信息化的老路上，一定会带来巨大的损失和浪费。业界对新基建的认知，最重要的就是一定要把新旧 IT 说清楚。我支持以云为核心的新基建。

刘松：新基建如何避免"重硬轻软"：
要实现硬件、软件、人件建设的恰当组合

很多时候我们更关心看得见的"基础设施"，忽略了"看不见"的基础设施。如何认识数字基础的本质特征，如何避免新基建的"重硬轻软"，是全社会应关注和讨论的重要议题。

我认为，新的基础设施建设需要三方面建设的恰当组合：硬件、软件和人件。

底层的硬件建设：新基建和传统基建有区别也有共性，那就是都需要有一些硬件，比如说数据中心。新基建不同于传统基建的数据中心，它是面向云计算的大数据中心。

底层硬件之上是软件和数据：一个是云计算，一个是数据，服务于人的创造力、知识模型和各种 App 运行，数据作为关键生产要素，向上承载的是知识和创造力。

最上层是"人件"，人件包括三部分：一是企业家精神，尤其要借数据这一生产要素激发人们的创造力，创造新模式；二是知识生产者，包括科学家和代码工程师；三是知识网络，在数字化建设过程中，共识成本、知识集成是跨界融合的难题。这几年在推动工业、农业、服务业数字化进程方面，我们在一线实践中的重要体会是，跨界融合最大的成

第 2 章
新基建，到底新在哪里

本是共识成本，实现跨界融合的最大能力是知识集成的能力，就是知识网络的建立。工业、农业、服务业如何运用数字技术底座，在人和人之间去集成一个跨界的新知识网络，构建知识生态，这是数字基础设施的核心和关键所在。

总之，新的基建设施建设，要实现"硬件""软件""人件"建设的恰当组合。硬件是基础，软件是环境，数据是关键要素，真正产生实质变化的是在"人件"的创造力上。

03

新基建创造价值的关键：
铺就通向创新驱动之路

安筱鹏：新基建提高了整个社会的资源配置效率

新基建给社会创造的价值，与传统的基础设施有什么区别？

一讲到基础设施，很多时候更多的是考虑投资的价值，传统的铁路、公路、港口，包括传统计算中心对经济的拉动效应有多少，这个非常重要。但我们今天讨论新基建的时候，仅仅关注对经济的拉动是不够的，我们需要关注新的基础设施所带来的数字红利。

这种数字红利，更多的是怎么提高整个社会资源的配置效率，怎么激发企业、医院、学校……每个主体的积极性、主动性和创造性，激发具有企业家精神的人的创造，这是全社会需要关注的议题。企业家精神不仅仅是针对企业家们，只要你具有创新意识，能够设定目标、整合资

第 2 章
新基建，到底新在哪里

源，能够在产品、生产方式、组织方式、市场开拓上有创新，就是一个具有企业家精神的人。这种企业家精神的群体不断涌现，才会推动整个社会进步。

全球著名的技术经济专家麻省理工学院布莱恩约弗森曾在美国《外交》杂志上发表过一篇文章——《幂律经济：资本、劳动和创建》，他提出一个时代命题：数字经济时代最稀缺的资源是什么？《21世纪资本论》一书的一个重要观点是，工业时代最稀缺的资源是资本，资本收益率会超过劳动的收益率，工业社会几百年来贫富差距在拉大。数字经济时代，最稀缺的资源是最具创见的思想及具有这种思想的人。

数字基础设施的价值，在于能够降低创新创业的门槛，不断激发创意的产生，不断激发创造力迸发。当人的重复性的工作（包括体力和脑力）不断被机器人和人工智能替代时，人们不得不从事更有创造性的工作，这是数字基础设施与传统基础设施的重要区别。

安筱鹏：数字基础设施可以低成本复制，更高效地支撑经济社会运行

经济发展使产业分工持续深化，进入一个知识分工的新时代。数字基础设施带来了知识创造的专业化分工，知识作为一种产品被封装起来，借助这个平台可以快速去传播、复用、创造，进而构建一个新

数字基建
通向数字孪生世界的迁徙之路

的体系。未来我们可以预期，新一轮的基础设施建成之后会带来一个爆发期，人工智能的发展进一步推动分工的深化，推动经济快速高质量发展。

新基建与传统基建的一个区别，就是可以用更少的投入创造更多的价值。

数字基建关注更多的是，如何从后向拉动效应到前向数字红利。中国由于消费互联网的快速发展，可以构建一个更加便捷、大规模使用的数字商业设施，可以低成本地复制数字商业基础设施，可以更高效地满足消费者、个人、企业和政府的需求。线上的效率是传统线下效率的4倍。2005年中国每千人零售营业面积只有18平方米，美国是1105平方米，但是在数字互联网的时代，每1元的投入在零售领域能带来的销售额，线上是49.6元，而线下是12.5元。互联网、电子商务，使得满足消费者需求的整个投入产出比更高了，用了更少的基础设施的资源，投入人力、物力、财力，创造了更多的价值。这是它的数字红利的效应。

国际咨询机构BCG曾做过分析，由于互联网支付及移动支付的出现，2011—2020年，中国减少1万亿元对各种移动支付、金融支付基础设施的投入。2011年，万人POS机的拥有量美国是中国的8倍，人均银行卡拥有量美国是中国的8倍，而今天中国移动支付的规模是美国的80倍。中国用了更少的传统基础设施、更多的数字基础设施，创造了更好的经济社会价值。这就是数字基建的价值。移动支付在新冠肺炎疫情期间起到了极其重要的作用。

第 2 章
新基建，到底新在哪里

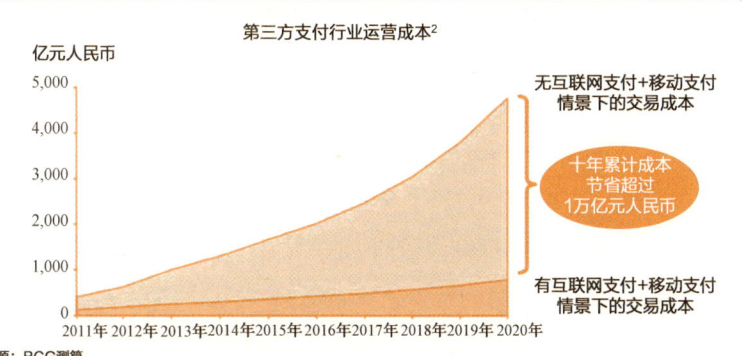

互联网支付及移动支付[1]为第三方支付行业累计节省成本可达1万亿元人民币

第三方支付行业运营成本[2]

亿元人民币

- 无互联网支付+移动支付情景下的交易成本
- 有互联网支付+移动支付情景下的交易成本
- 十年累计成本节省超过1万亿元人民币

2011年 2012年 2013年 2014年 2015年 2016年 2017年 2018年 2019年 2020年

来源：BCG测算。
[1]主要指基于软件、不需要较高硬件改造成本的移动支付。
[2]包含线下收单POS机成本。

吕本富：数字基础设施的价值，要重点关注数字红利

通过这次疫情，我们也看到了数字基建带来的经济价值。数字化生活、数字化交流、数字化商务正在成为风口，这也是数字基建带来的社会福利，或者说就是数字红利。

现在学界对数字红利的认知并不统一。经济学上，买者和卖者都希望通过市场交易获得收益，交易会产生两个剩余：生产者剩余、消费者剩余。但是，数字基础设施给经济社会带来的价值被低估了。GDP衡量在特定年度内生产的最终产品与服务的价值，但是互联网时代许多技术创新（搜索引擎、电子邮件、GPS）是免费的，经济统计数据模

数字基建
通向数字孪生世界的迁徙之路

型并不能捕捉它们给企业和消费者带来的利益。

美国有个大学做了一个有趣的实证量化试验。他们给参与试验的人群每个人的账户上打 1000 美元，要求参与试验者不能上 Facebook、Google 等网站，如果试验期间登录这些网站了，之前发放的 1000 美元要收回；之后又把测试标准提高到 2000 美元。最后的结论大概是，一个美国中等活跃用户放弃使用 YouTube 等流媒体一年的平均费用为 1173 美元，停止使用搜索引擎的平均费用为 17530 美元；欧洲学生停止使用 Snapchat 一个月的费用估值是 2.17 欧元，停止使用领英的费用估值是 1.52 欧元，停止使用 WhatsApp 的费用估值是 536 欧元，停止使用推特的费用估值是 0。

工业时代有交易才会有消费者剩余，而数字时代"搭便车"的人很多，没参与交易的人也可享受红利，从而节省了很多成本，这叫非交易者红利。非交易者"搭便车"带来的便利性，我们就称为数字红利。

数字红利的量化分析的基本规律是，数字平台的数字红利差不多是其市值的两倍。用传统统计模式确实低估了数字经济基础设施带来的经济社会价值。

扫码观看本期视频

吕本富
中国科学院大学经济管理学院教授、
网络经济和知识管理研究中心主任

刘 松
原阿里巴巴集团副总裁

安筱鹏
阿里研究院副院长

第 3 章

数字基建的价值：
从连接到赋能

01

数字基建的"赋能"机制

刘松：数字基础设施基于技术"核聚变"，通过"赋能"创造价值

　　数字基础设施与传统基础设施在创造价值的方式有着重要的区别，传统的铁路、机场、公路、港口、电力等基础设施往往是联动的，核心价值在于连接，实现物流、人流、能量流的流通。新的数字基础设施则需要多种底层技术不断地高效协同，产生技术"核聚变"，"赋能"各类主体去为社会创造价值。

　　在新一轮数字基础设施中，云、大数据、人工智能、物联网、5G等多种技术必须一起发生直接联系，每秒都要实时互动，其功能的发挥更大程度上取决于多种技术的集成，因此技术迭代的频率更快、相互依赖性更强、整体功能演进的速度更快。

第 3 章
数字基建的价值：从连接到赋能

新一轮数字基础设施有"内核三兄弟"：云、大数据、人工智能。这"三兄弟"捆绑在一起实时协作，离开了云，数据无法处理；离开了云和数据，算法也没有意义。"三兄弟"向外有两个延伸：一是未来可能触达 50 亿人；二是触达物理世界，形成广义的物联网。在与外界连接时，通信从 4G 到 5G 加速延伸。在新的数字基础设施内核里，依旧围绕着数据这一生产要素来形成承载，然后延伸到人，延伸到物，再以更快的网络去连接。这是它们的内在联系。而区块链技术则带来更多的信任。所有这些技术必须组合演进，形成技术"核聚变"的逻辑才有意义，这些技术缺一不可，可以说它们是孪生的，在未来 10～20 年将构建一个新的数字基础设施的大平台，数字基础设施的价值更多基于信息流和知识流，"赋能"各类主体去创造社会价值。

安筱鹏：数字基础设施"赋能"的本质，在于提供智能工具和科学决策

数据+算力+算法是数字孪生世界的底座，是多种技术的集成。首先是数据，通过 IoT、MEMS 传感器、大数据等各种技术手段，及时、全面、高效地把海量数据聚集起来。然后是计算，支撑海量数据的分析有各种各样的计算资源，包括云计算、边缘计算，还有计算机也是计算，手机也是计算，手表也是计算，泛在计算无处不在。计算的背

数字基建
通向数字孪生世界的迁徙之路

后是 CPU、各种操作系统、GPU，以及支撑云计算的新一代的数据中心。有了数据和算力，还要有先进的算法，也就是人工智能、机理模型、数字孪生及各种流程模型与商业模型，把人的思想不断地沉淀、提炼。"+"就是 5G、NB-IoT、时间敏感网络、宽带等，能够把数据、算力、算法及各主体连接起来。

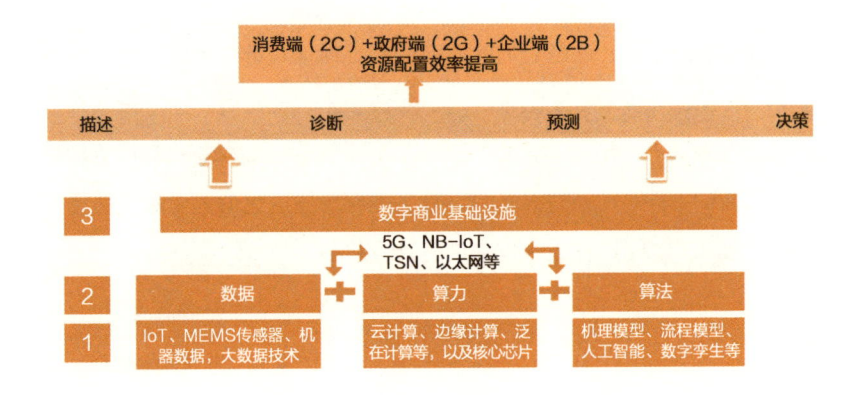

层级	描述	诊断	预测	决策
	消费端（2C）+政府端（2G）+企业端（2B）资源配置效率提高			
3	数字商业基础设施 5G、NB-IoT、TSN、以太网等			
2	数据 + 算力 + 算法			
1	IoT、MEMS传感器、机器数据，大数据技术	云计算、边缘计算、泛在计算等，以及核心芯片	机理模型、流程模型、人工智能、数字孪生等	

数字孪生世界的底座搭建好后，有什么作用？数字基础设施"赋能"的本质，在于提供智能工具和科学决策。在数据+算力+算法的功能体系中，有了多种技术的集成，才能对物理世界去描述、诊断、预测、决策。

第一是描述，描述物理世界发生了什么（车是不是堵了，工厂的机器设备是不是正常运转，心脏是不是有问题……），然后在虚拟世界里面去呈现。第二是诊断，物理世界存在各种各样的问题，可以在虚拟赛博空间、数字孪生世界去分析是什么原因造成的。第三是预测，预测未来可能是什么。第四是帮助决策，当然在每个阶段，人都可以去决策，

第 3 章
数字基建的价值：从连接到赋能

但是在这个过程中，人的决策会越来越少。最后系统机器可以去描述、诊断、预测，进而做出决策，这就是算法，一个人工智能的世界。

刘松：热门的遥感 AI：从感知到判断再到决策

现在比较热门的就是遥感 AI 的运用。今天算力成本大幅度降低，太空中的卫星能以 0.3 米精度的分辨率，应用在道路沉降、河流污染、农作物长势等跨多领域的测量，再通过 AI 来分析卫星遥感数据。现在研发的下一代遥感技术，海事卫星甚至可以看到海平面以下 100 米，这一点非常关键，厄尔尼诺现象就产生于海平面下的那一层。现在的卫星遥感技术发展到这种程度，再加上算力、人工智能，人们可以随时监测地球的情况，包括农作物的长势。今天这种技术直接屏蔽了中间的所有过程，直接用技术解译，从感知到判断再到决策，能够帮助人们做出决定或者给出决策清单。

遥感 AI 是新基建能给我们带来的红利。现在要做的是，怎么把遥感 AI 的判断、预测和精准决策让每个农民知道。美国有一些农业种子公司，农民到他们的网站选种子，网站会告诉这个农民，今年在他的土地上应该种什么，这是综合了物理世界的信息、平衡了整个未来的预期走势，包括土地所在的经纬度、当地今年的气候情况，然后给出的建议。其实，对农民来说，买的是这个种子公司的服务，种子公司的网站告诉他与种子相关的所有事情，包括如何做决策是便捷高效的。这就是数据带来的红利，能够普惠到每个人。

这条路还需要比较长的时间，总的来看，现在云计算还在青春期，但是云计算本身的算力基础设施和大数据技术至少过了青春期，但是用算法去破解行业的专业知识还在幼儿期。算法在这三四年开始有一定的突破，但还远远不够。这里面的难点在于孤岛连接、数据融合、知识集成，一个比较大的难题是隐含式知识破解。

吕本富：智力成果的"集成器"，也是未来新基建的一部分

随着技术的发展，算力现在没有什么问题，主要还是算法的问题。我们曾经想做一个"模型工厂"，就是把现在所有经济管理领域的论文中的模型收集起来，包括供应链模型、营销模型等。这些模型是过去大家已经做好的模型，模型所依赖的大都是小数据，比如说小规模的调研数据或者问卷调查。如果这些模型能和阿里等企业的大数据对接，能够更新迭代，就有很大价值了。这些模型不是搞IT的人独立能做出来的，比如说供应链模型，它是具体专业知识的沉淀。目前这样的"珍珠"太散，需要有人把它们串起来。这个"模型工厂"本质上就是算法集成器。

过去数据是一个个孤岛，这些经管学院老师要发表定量的文章，这

第 3 章
数字基建的价值：从连接到赋能

些文章发表了，学生也学习了，但这些模型没有人去继续操作。其实这些模型是有用的，是可以和生产实际相结合的。过去为什么结合不了呢？是因为没法与实际的生产数据对接，企业不会用它。所以，如果能够把这种智力成果做一个集成器的话，未来也将是新基建的一部分，就是我们知识的分发器。

安筱鹏：算法市场正在崛起，以风电功率预测 App 为例

随着社会分工不断深化，今天，知识模型就是一种知识的载体，不断把知识集成一套软件，变成一个 App，成为算法模型的市场，可以去交易。交易完成后，可以把数据输进模型，可以对模型的算法进行评估，并不断迭代。

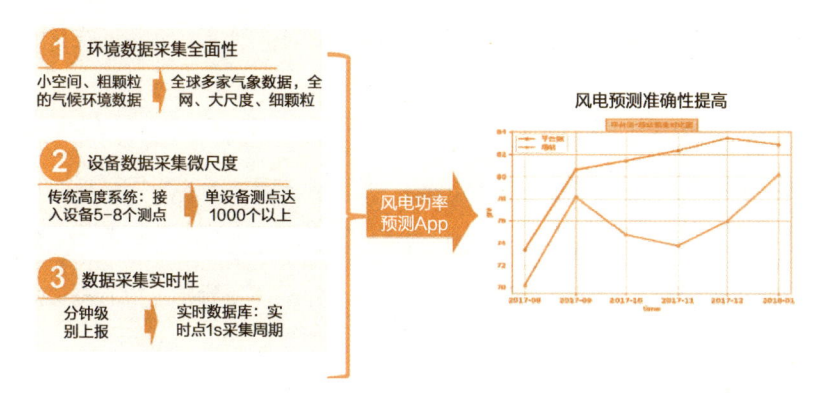

（来源：阿里研究院，2020）

数字基建
通向数字孪生世界的迁徙之路

算法模型市场的一个很好的场景注释就是新能源风电、光伏。风电、光伏这类新能源最大的困扰是难以对明天、后天能发多少度电进行精准预测。精准预测不够，意味着企业的经济损失就会非常大，因为新能源企业需要告诉电网明天会发多少度电，如果没有达到的话，会被处罚，所以一般能发 1 亿度电，企业可能就说能发 8000 万度电，这样弃电、弃风率就很高。核心问题就演化成发电厂如何能够对明天、后天发多少度电进行精准的预测。

那这个问题怎么解决？就是我们说的两个关键因素。第一个关键因素是数据，新能源企业能够把更多的纤细的数据收集上来，包括环境数据、设备数据等。设备数据的微尺度，传统调度系统采集 10~20 个，现在采集上千个；数据采集的实时性，过去频率是 1 分钟，现在是按秒或者毫秒去采集，所以采集的数据更加及时、全面、准确。第二个关键因素是算法，在采集的数据基础上，通过风电功率预测 App 计算，风电预测准确性大大提高。风电功率预测模型设定复杂，既要了解风电专业，又要了解外部的环境，最终还是要靠算法、人机结合的方式去判断。

新一代的电力系统面临着新的环境。比如随着未来的电动车和多种能源的接入，它们都是跳变型的接入方式，怎么把实时性的电力系统的两边配合起来，没有大数据，没有人工智能，是不行的。新能源体系的应用，需要实时依赖数据和 AI 技术。

总的来说，过去知识要进入生产流程可能需要很长的时间，现在知识变成模型和算法，与企业数据结合，直接切换到市场中并不断地迭

第 3 章
数字基建的价值：从连接到赋能

代，就支撑了算法市场的崛起。数据+算法的结合在金融、能源、医疗、教育，以及其他各种垂直生态领域，包括各种工业互联网领域，都具有巨大的价值。从社会整体运行角度来说，这又回到新的数字基础设施的建设上来了。

02

降低试错成本，是新基建的重大价值

安筱鹏：知识资产的比特化、模型化，不断创造更多价值

新基建"赋能"的重要体现在于支撑创新。这里有一个思考问题的角度，就是如何衡量企业的资产和竞争优势。企业的资产和竞争优势具体表现在专利、知识和人才三个方面。

首先是专利，专利是企业的知识资产的一种积累。企业在介绍自己时，经常展现的就是自己有多少专利。其次是企业的专有知识资产，包括研发中心的仪器设备，以及锁在柜子里边的各种各样的文献、报表等。再次是企业的人才，包括生产线和研发中心的人员，他们的知识资产也是最重的。

今天，知识资产正在变成一种新的形态，就是比特化、模型化，变成一套模型、一套算法，不断地从物理世界沉淀到数字孪生世界，它是

第 3 章
数字基建的价值：从连接到赋能

一个转换的过程。所以，我们今后评价一个企业的知识资产、企业的竞争力、企业的创新能力，不仅要看企业积累了多少专利，还要看企业积累了多少个数字模型，就像风电功率预测的算法模型。类似这样高度沉淀的专有知识的丰富程度，将是企业资产和竞争力评价的重要指标。

从整个社会来说，高校老师发表了很多论文，沉淀在各种各样的学术刊物里，还有做完实验后锁在柜子里的实验报告，这些很多是共性的知识。从推动社会进步的角度来说，人们需要做一件事，就是把所有的学术刊物和柜子里面的实验报告找出来，然后把这些共性的知识不断模型化、软件化、代码化，变成一种可以被衡量、被使用的模型，在数字基础设施里沉淀出一层显性化的隐性知识，这是隐性知识是能够不断创造价值的重要途径。

吕本富：新基建与知识创新带来的最大益处：降低试错成本

怎么把隐性知识发掘出来，首先是有一个前提的，那就是数字基建未来可能导致企业原有金字塔型、科层制的组织方式发生改变，演变成适用于数字经济时代的组织方式。组织方式是个核心问题，这个问题清楚之后，才能确定企业战略和竞争优势，才能讨论企业的核心资产。

创新型企业有两个重要的核心价值，一是有核心的知识类产品，二是有把隐性知识变成显性知识的核心转化能力，而这两个做起来是比较难的，其实这也是新基建和创新的关系，本质上还是基于数据的知识创新。

我们把话题放大一点，企业或者社会做的事情可以分为两类，一类是知易行难，一类是知难行易。

什么事情是知易行难呢，改革就是知易行难，我们知道问题出在哪儿，但是处理起来很难，所有改革的问题都可以归于这类，能搞一个两全其美的改革方案不太容易。

还有一类是知难行易，找到问题所在是很难的，一旦问题找到了，行动起来是很容易的，这就是创新。创新就是找到爆发点，找到创新点，所有的创业和创新都属于知难行易，这和新基建是有关系的，新基建知识的累积、数据的累积，使创新试错的过程至少排除了好多不可能，我不知道哪个是对的，但我一定知道哪个是错的。降低试错成本，就是新基建和知识创新带来的最大益处。

安筱鹏：构建通向零成本试错之路，是数字孪生世界带来的最大价值

数字孪生带来的最大价值是什么？就是人们正在构建一条通向零成本的试错之路。

在数字孪生的世界里，人们的试错成本是非常低的。我们过去说零

第 3 章
数字基建的价值：从连接到赋能

库存也是一个持续改善、不断逼近的过程，通向零成本试错之路也是一样的。什么是创新，创新是一个试错的过程。对于企业来说，技术方案、工艺路线、客户需求的满足、商业模式都是试错的过程。

在过去的 50 年，1GB 的存储成本从 1000 万美元降到了目前的 0.02 美元，今天数字基础设施带来的价值不是说存储的成本降低了多少，而是试错的成本降低了多少、创新的效率提高了多少，这是数字基础设施所能创造的价值，也是衡量企业竞争力、企业创新能力的重要标志。

刘松：数字基础设施的创新优先逻辑

IT 时代，信息化往往是降本增效、效率优先，但是新的数字基础设施是创新优先，哪怕 10 个创新只有 1 个成功，也能够使企业发现一条新的赛道。有了数字基础设施，就要不断创新，积极开拓新赛道，这是数字基础设施创新的逻辑。

试错有一个通过率的问题。过去 50 年，ICT 领域所有最终能够通过试错取得成功的技术不到 8%，也就是说，我们现在使用的技术都是已经通过了试错的成功者，包括"内核三兄弟"的云、大数据、人工智能，其余 92% 的技术死在试错的半路，即使现在的工业 AI 技术也不例外，而商业模式创新者可能死亡率更高。

这个创新哲学跟 10 年前不一样，新的数字基建一方面使得创新

数字基建
通向数字孪生世界的迁徙之路

的成本降低了 10 倍，但是你还是需要在 8%里面找到恰当的节奏，也就是说，即便有了今天的数字基建，创新也不一定比过去 10 年更容易成功，事实上虽然赛道多了，但是赛道失败率也在增加，数字基建只是降低了你的试错成本。

所以说，新的数字基建对企业的要求也是比较高的：第一，在试错成本降低的情况下，怎么才能用好数字基建；第二，如何把握恰当的节奏，该掉头时掉头，该放弃时放弃，只有这样才能够走到最后。

第 3 章
数字基建的价值：从连接到赋能

03

新基建驱动所有企业向"客户运营商"转型

安筱鹏：未来所有的企业都应该成为客户运营商

企业在跳过成本竞争、质量竞争、效率竞争后，现在面临的竞争就是客户体验的竞争。今天大家都已经站到了新的数字基础设施上，那怎么能实时满足客户的需求，让客户体验更好呢？

过去产品交付是交易的结束，今天产品交付只是交易的开始，企业需要持续不断地满足客户不断产生的各种需求，所以我提出这样的概念：未来所有的企业都应该成为客户运营商。比如，10~20 年前，中国电信、中国移动了解每位客户的通信需求，电信运营商知道客户什么时间打电话，是打国内长途还是国际电话，客户什么时间发短信等。今天的客户运营商，就要实时洞察客户的需求，实时满足客户的需求。

无论是制造企业还是零售企业，所有的企业都需要重新定义自己——

数字基建
通向数字孪生世界的迁徙之路

"我是谁",如何去实时洞察客户需求,实时满足客户的需求。

麦当劳、肯德基过去衡量一个店的标准是,每天卖了多少货。但是,当成为客户运营商的时候,这个思路就得变了,每天不一定是盯着交易额,而是关注维护了多少忠诚的用户。

三一重工、卡特彼勒这样的公司也是一样的,工业互联网就是把制造业企业或者与设备连接的公司演变成客户运营商,实时去了解客户的需求,实时去响应和满足客户的需求。20世纪80年代,卡特彼勒面临非常艰难的选择。日本的工程机械企业快速崛起后,产品价格相对低很多,卡特彼勒面临的一种选择是同样降低产品价格,另一种选择是给客户提供工程机械产品的全生命周期服务,使得客户获得的全生命周期服务的成本是最低的,也就是说在卖给客户产品的时候,价格可能比别人要高,但是产品的全生命周期的维护管理和运营成本低。围绕产品设备的全生命周期服务,卡特彼勒这个选择在当时是个别现象。今天有了新的数字基建,这种围绕产品的全生命周期服务会演变成企业的常态,所有的企业都要去思考怎么把自己打造成为客户运营商。

随着这种改变的发生,也出现了开创性的新业务,比如近年来独角兽企业Uptake,是一家专注于给卡特彼勒提供设备运维服务的服务商,相当于工业互联网的Groupon。Uptake的创始人原来做的是消费领域的Groupon,是一个消费互联网平台,他们转身做了一个工业互联网平台,其长链接、数据精准供给和知识模型,使企业可以提供订阅化服务。Uptake由此成为快速成长的独角兽企业。

第 3 章
数字基建的价值：从连接到赋能

吕本富：新基建意味着基础设施从硬件型为主升级到知识型为主

过去把产品卖给顾客，基本上就是一锤子买卖，除非出现售后维修，顾客就不再找企业了。企业新品推出后，又开始打广告，寻求新交易。到了互联网时代或者工业互联网时代，产品卖给顾客，营销才刚刚开始。为什么刚刚开始？因为在产品使用过程中，企业要收集各种各样的数据，积累数据以后才能迭代改进，客户和企业有高黏合度，这种营销思想和经营策略的转变，也就是企业朝客户运营商转变。

目前的实践还差得很远，客户运营的前提是企业经营战略要发生界面上的改变，因为现在交易界面和运维界面完全重合了。苹果公司在 2019 年 3 月第一次做了一个无产品的发布会，只有服务，没有硬件产品，其实都是维护客户群的思维，而不是在那里卖产品。

在这个基础上讲，经济学要升级了，过去是一次性交易，现在是连续性交易。连续性交易价值如何分配，未来的定价问题将会是各大运营商的核心。而这个连续运营商的定价问题，其实涉及平台企业的广告策略要怎么定价。连续型客户要客户和企业共同成长，而不是到最后又变回过去的零和博弈了。如果追求长期利益的价值分配，应该是什么样的模型？对于平台型公司这是一个非常重要的课题。连续型运营商、连续

数字基建
通向数字孪生世界的迁徙之路

型客户的关系应该是连续博弈，而不是一次性买卖，也不是零和博弈。价值分配会变成一个大学问，价值分配是一次一次的，就像打渔要有休渔期，要关注客户的生长周期，这是问题的本质。

在工业互联网界或者工业互联网平台，跟消费互联网还不太一样，工业互联网的标准化很难。新基建的两个核心，一个是比特引导原子，另一个就是从硬件层面升级到知识层面，这两个核心其实贯穿于新基建讨论的始终。新基建的意义在于以硬件型为主的基础设施升级到以知识型为主的基础设施。

扫码观看本期视频

安筱鹏
阿里研究院副院长

第4章

4

未来10年是新型
数字基础设施的安装期

数字基建
通向数字孪生世界的迁徙之路

未来 10 年，全球数字经济最重要的主题之一是数字基础设施的重构、切换与迁徙，以及基于新型数字基础设施的商业生态再造。

以物联网、云计算、边缘计算、人工智能、移动化、数字孪生等为代表的智能技术群落，在不断融合、叠加和迭代升级中，为未来经济发展提供高经济性、高可用性、高可靠性的技术底座，未来 10 年将是新型数字基础设施的安装期。新一代信息技术发展将推动人类社会进入一个全面感知、可靠传输、智能处理、精准决策的万物智联（Intelligence of Everything）时代。

从商业视角来看，伴随着消费者主权的崛起，商业系统变得越来越复杂，这种复杂来自客户的个性化，来自产品和服务的复杂性，来自场景的多样性与复杂性，来自供应链的复杂性等方面。面对商业系统的复杂性，传统的"数字基础设施"越来越力不从心，业界都在思考如何重构数字经济新的基础设施体系。

在这场大变局中，AIoT、工业互联网、数据中台、业务中台、微服务化等新技术、新概念、新实践、新战略的兴起，预示着这场商业和技术大变局才刚刚开始。2020 年 1 月 11 日，阿里举办了 ONE 商业大会，提出 2B 战略阿里商业操作系统；2020 年 9 月 28 日的云栖大会进一步明确阿里商业操作的就是构建数字经济时代的基础设施。如何看待未来技术和产业变革的趋势，是业界共同思考的问题。

我们今天思考的工业物联网，就是数字经济基础设施体系的一个重要组成部分，我们如何来认识工业物联网及数字化转型？可以从四个角度去思考。

第 4 章
未来 10 年是新型数字基础设施的安装期

01

工业物联网：从单机智能到系统智能

对于工业物联网，我们首先需要思考的问题是如何从单机智能走向系统智能。什么是智能？罗素有一句经典的话，"智能始于征服恐惧。"我们人类恐惧什么呢？不确定性。今天我们面临着各种各样的市场变化、竞争变化，归根结底是因为我们对未来的不确定。

那什么是智能？**智能是一个主体对外部环境的变化做出响应的能力**。这个主体可以是机器、工厂，还可以是个人、研发团队、企业等，更重要的是这样一个主体对外部环境的变化能不能做出一个实时的响应。

工业物联网的本质就是这样的一个智能系统，可以对客户的需求做出实时、低成本、高效的响应。今天的物联网、大数据、云计算、工业互联网等，对于一个企业有什么价值？这首先就要回归到企业的本质。企业竞争的本质就是资源配置效率的竞争。

数字基建
通向数字孪生世界的迁徙之路

今天物联网、大数据、云计算、工业物联网等信息技术对于企业的价值，可以简化或浓缩为数据加算法，提高企业决策的精准度、科学性、低成本和更高的效率，来促进企业资源的优化配置。

我们可以看看企业需求信息明确之后，信息如何在企业的经营管理、产品设计、工艺设计、生产设计、过程控制等每个环节去流动。过去信息的流动是基于文档、纸张的传递，今天我们是基于模型，包括几何模型、性能模型、工艺模型的信息流动。

我们思考什么是数字化、什么是智能化的时候，不仅要看到机器人、数控机床等逐步替代体力劳动者，还要去思考在研发设计、工艺生产、制造的每个过程中，是不是逐步减少人为干预，能不能替代更多的管理人员、工艺人员、研发人员，这是数字化转型更本质的一个含义。把正确的数据在正确的时间以正确的方式传递给正确的人和机器，我把这定义为数据的自动流动。

因此，数字化转型的本质就是在"数据+算法"定义的世界中，以数据的自动流动化解复杂系统的不确定性，优化资源配置效率，最后构筑企业新的竞争能力，为客户创造更高的价值。

今天的世界变得越来越复杂，这种复杂来自产品的复杂性、客户的需求、供应链、市场变化等因素。对于企业信息化、数字化转型而言，我们如何能够通过"数据+算法"决策机制、数据的自动流动来化解复杂系统的不确定性。

在 IoT 时代、万物智能时代，**产品和系统演进的逻辑，其中最显著的一个特征是硬件通用化、服务可编程**，控制和优化的技术和功能在不断地解构和重组，体现在消费电子、农机设备、车间设备、工业

第 4 章
未来 10 年是新型数字基础设施的安装期

软件上。

消费电子：在 4 年前的一次研讨会上，有一位专家说工业 4.0 最大的特征就是定制化，另一位专家说苹果作为全球市值最大的公司，其生产规模超过了 100 多年前福特的规模化生产。100 年前的汽车的规模化和今天苹果的规模化有什么不同？我们看到，消费电子产品对功能进行了"解构"和"重组"，虽然大家都在使用同一款苹果手机，但各种功能不一定完全一样，这取决于我们下载的各种 App，取决于各种应用服务。

农机设备：农机设备的控制和优化也在不断解耦。美国一家有近 180 年历史的制造企业——约翰迪尔公司，在 3 年前给我们介绍了农业机械设备的数据如何传输到云端，如何把云端的数据优化处理后与当地土壤、天气等信息集成，再反馈回来优化农业机械设备的运行。约翰迪尔的农机产品功能在解耦，从单机优化演进到了云端优化。

工厂设备：研华及一批自动化厂商正在解构工厂设备的控制和优化系统，从电子控制、软件控制演进到边缘优化、云端优化。

软件系统：我们曾调研过阿里云在广东的一个生产灯具的客户，叫雅耀，他们几个车间的云 MES 用得非常好，构建了一套对工业软件开发、利用、使用的一种新的模式。传统的软件体系正在解构和重组。

因此，无论是手机智能终端、农业机械设备的产品功能，还是今天工厂设备数据的管理控制优化，都在进行解耦，整个软件体系也在解耦。

数字基建
通向数字孪生世界的迁徙之路

今天无论是硬件还是软件,都面临一个新的时代,这个时代就是不断地解耦与重构。哈佛商学院大学教授迈克尔·波特在过去的几年中,围绕工业物联网、万物互联发表了 3 篇重要的文章,非常经典。他认为,未来的智能互联设备有 4 个主要功能模块,即动力部件、执行部件、智能部件、互联部件,可以使设备可监测、可控制、可优化。针对智能部件,过去机器设备的控制是基于机械的控制,后来演进到基于电子的控制,再后来是软件的控制,再后来是边缘的优化,最后演进到云端的优化。

无论是手机、农业机械,还是工业软件本身,都打破了过去的一体化硬件设施,通过将软硬件分离解耦,实现"硬件资源的通用化"和"服务任务的可编程"。未来硬件提高资产通用性,遵循的是规模经济,像富士康给苹果代工手机一样,产量越大,成本越低,可大规模、标准化生产。软件丰富产品个性化,遵循范围经济,企业从提供同质的硬件产品向提供多样化的产品转变,满足多样化需求。

智能的本质是一个主体对外部环境的变化做出响应的能力。这种能力不仅体现在单机设备的智能化,引进了智能生产线,企业能不能对外部环境的变化做出实时响应呢?当企业能不断地把硬件通用化、把软件分离出来的时候,这样的系统智能就能够不断适应客户的需求。

这样的变化正在从设备级(包括电子产品、工业设备这样的控制系统)演进到系统级。我们今天提到的无论是工业物联网还是工业互联网,最本质的逻辑就是单机设备的解耦、解构、重组演进到系统级,我们今天看到的设备边缘计算、PaaS、SaaS 这样一个物联

第 4 章
未来 10 年是新型数字基础设施的安装期

网体系正在演变成硬件和 OS 的控制系统,通过边缘优化,然后云端优化,可以在更大的空间尺度范围内通过系统化的智能来解决面临的问题。

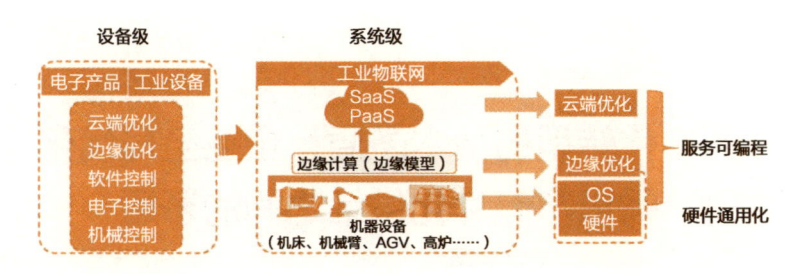

02

数字化转型的基本矛盾：企业全局优化需求与碎片化供给之间的矛盾

我们今天面临着数字化转型、物联网、工业互联网等各种各样的问题和挑战，这些问题和调整的本质是什么？概括成一句话，供大家深入思考，当前数字化转型的基本矛盾就是企业全局优化需求和碎片化供给之间的矛盾。美国《哈佛商业评论》分析当前数字化转型面临的问题，德国提出了工业4.0，中国提出了两化融合的四个阶段，德国工业4.0有三个核心词，即横向集成、纵向集成、端到端集成，中国后来提出综合集成。之前我常提到一个词叫作"集成应用陷阱"，也可以叫作"集成应用困境"。我们知道，中等收入陷阱是指发展中国家工业化进程中人均收入达到中等收入水平时，就会面临一系列挑战和问题。今天挑战性对于数字化转型、工业物联网来说也是一样的，单机应用比较容易，但是跨系统的数据互联互通互操作就变得极其复杂。

第 4 章
未来 10 年是新型数字基础设施的安装期

我们当前面对的这么多问题，又是如何产生的？彼得圣吉在《第五项修炼》中有句话非常经典，"今天的问题源自昨天的解决方案。"过去，我们看到 ERP、各种研发工具、车间里的制造系统 MES 等，其基本逻辑都是解决一个"点"的问题，然后试图解决一个"线"的问题，但是今天企业面对的是一个"面"、一个"体"的问题，原有的这套解决问题的思路就根本不可能解决今天企业面临的全局优化需求。

03
数字化转型 2.0：如何定义这个时代

在数字化 2.0 时代，我们如何定义这个时代？商业系统变得越来越复杂，而原有的基于传统 IT 架构的解决方案与商业系统复杂性之间的差距越来越大，我们需要构建一套新的解决方案。这就是由工业互联网、工业物联网、云计算、边缘计算、移动端、中台等概念所构建的新型数字基础设施，只有这样才能够适应商业系统的复杂性要求，这也是数字化转型 1.0 与数字化转型 2.0 的本质区别。

这种变化可以从不同主体的视角来观察。

基于甲方的角度，从品牌商、制造商、物流商、金融机构等数字化转型的主体看，有两个变化。

第一，在数字化转型 1.0 时代，我们思考的问题是如何面对一个确定性的需求，而今天我们需要面对的是一个更加不确定的需求，是个性化的、更加复杂的需求。

第二，我们过去思考的问题是如何优化企业经营的效率，今天在数

第 4 章
未来 10 年是新型数字基础设施的安装期

字化转型 2.0 时代，需要去思考信息系统能不能支撑企业的产品创新、业务创新、组织创新、管理创新。

基于乙方的角度，从解决方案的供给端来看有两个变化。

一是核心理念需要发生变化，过去所有的客户关系管理、企业资源管理、制造执行等系统，核心问题是解决企业内部的管理问题；而今天需要以客户运营为核心，核心问题是企业是不是构造了一套以客户运营为核心的技术支撑体系。

二是过去的技术解决方案都是封闭的，一套封闭的技术体系怎么可能对客户的需求实时地感知、响应、服务呢？所以我们需要构造一个开放的技术体系，一套基于云计算、边缘计算和移动端的新解决方案。

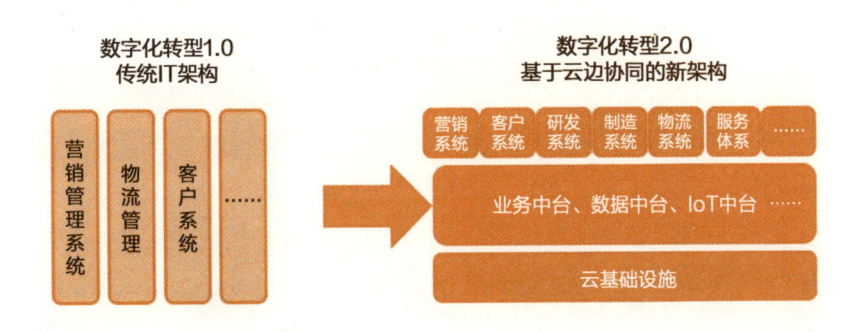

过去我们给客户提供的是硬件、软件解决方案，而今天不仅需要硬件、软件解决方案，我们还需要跟客户一起为客户的客户创造更多的价值，所以整个架构体系正在不断迁移，从过去"烟囱"林立、对客户需求难以快速响应的技术架构演进到现在基于云计算、边缘计算、

业务中台、数据中台等的各种新的管理架构，这样的演进进程正在起步，目前仅仅是开始。同时，原有的架构体系正在不断地解构，在碎片化的基础上形成一个个微服务的资源池，以及在资源池上的各种各样的组件，然后面向角色、场景、应用快速地解决企业所面临的一些复杂问题。目前，这样的探索也已经开始。

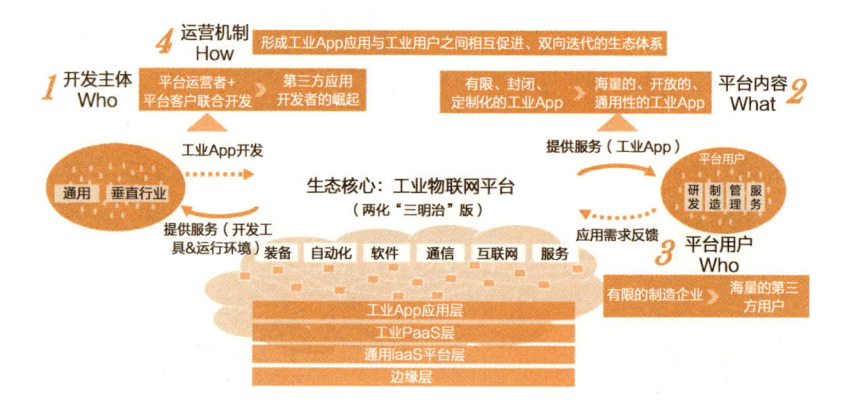

在体系架构大迁移时代，我们被各种新概念所充斥，首先需要重构概念体系。类似CAX、ERP、CRM等一些概念建构起我们对过去企业信息化的理解，但未来我们需要一套新的技术概念体系，包括中台、微服务、工业互联网、工业物联网、App等，这样一个全新的概念体系用来描绘我们的未来。技术体系、基础设施的解构与重组，也必然带来认识体系和概念体系的解构和重组，我们需要重新构建数字化转型新的概念体系。

我们正在面向需求、场景、角色构建一个新大陆，这样一个新的解决方案是从内部协同到生态系统，从封闭系统到开放系统，从PC端到

第 4 章
未来 10 年是新型数字基础设施的安装期

移动端,我们基于云计算、边缘计算、中台化、移动化再去打造新的概念体系。

从历史经验看,每次产业革命都离不开基础设施的更新、迭代、再造。伴随着云计算、AIoT、边缘计算、5G、移动化融合创新,伴随着 OT 与 IT 融合、云架构升级、微服务落地,传统僵化开发模式和陈规桎梏正在被打破,基于新基础设施的商业生态正在加速重构,我们正在进入一个数字商业基础设施安装期。

今天业界都在讲数据中台、业务中台、IoT 中台及工业物联网等新概念,中台的背后是什么。我们看到过去,信息化、数字化转型的从业者们用国际咨询公司和跨国公司所创造的各种概念建立起我们对数字化转型的认知体系,今天中国数字经济的探索者、引领者,用自己的探索和实践建立一个我们对未来数字化转型的认识体系,并成为国际公司跟随的方向。我们需要思考,面向未来数字化转型,谁在定义这个时代?一定是那些走向时代前列、用成功的技术和商业实践为行业引路的先行者。

04

重新思考数字化转型的动力

面对全球数字基础设施的重构，我们需要重新思考数字化转型的动力。我们看到数据中台、业务中台、微服务组件、工业 App 等背后，是我们认识数字化转型的起点。

首先，是认知转型，我们讲科技是第一生产力，制度重于技术，但最重要的是我们的认知和理念。

其次，我们今天对数字化转型认知的区别不是愿不愿意拥抱变化，而是以多快的速度、以何种方式拥抱变化。我们是不是有长期思维，是不是相信年轻人，是不是有推动文化变革的决心？

最后，数字化转型是一场边缘革命，对于一个企业来说不在于你做了什么，重要的是你比你的竞争对手多做了什么、你的客户真正感受到了什么、你构筑了什么样的新型能力。

过去，在涉及数字化转型的动力时，企业家们思考的角度是，数字化转型的投入产出比有多高？有没有风险？有多少风险？如果数字化

第4章
未来10年是新型数字基础设施的安装期

项目的风险太高或产业不确定，就是放缓投资的步伐。我们今天从另一个角度思考问题：如果不转型，损失是什么？

丹尼尔·卡尼曼、理查德·塞勒分别是2002年、2017年诺贝尔经济学奖获得者，作为行为经济学的开创者，他们重要的贡献在于认识到人们的决策有时不是理性的。人们的选择有确定效应：在确定收益和"赌一把"之间，多数人会选择确定收益；人们的选择还有反射效应：在确定损失和"赌一把"之间，多数人会选择"赌一把"。换一个角度，我们要思考的问题是不转型、慢转型最大的风险是什么？我们放弃高风险的数字化项目，是不是就没有风险？事实上不是的，当我们缺失数字化战略时候，我们风险的确定的，可以概括为以下五个方面：市场失焦、营销失语、管理失衡、系统失灵、增长失速。

市场失焦：数字经济时代，我们不知道客户是谁、客户在哪里、客户喜欢什么、客户体验如何、如何给我们反馈。因为不了解客户需求，我们不清楚生产什么、生产多少、采购多少、如何排期。我们只有用猜测及近乎赌博的方式去决策。

营销失语：没有数字化，我们不知道如何给客户讲产品和服务的故事。很多时候，我们在营销的时候不知道对谁讲、在哪儿讲、讲什么、如何讲、讲的效果如何。

管理失衡：在管理上，我们可能面临前后失衡，一线打仗的前台是不是能得到后台的有力支持？左右失衡，企业跨部门间高效协同、与供应商销售商协同；上下失衡，董事长、总经理数字化转型的决心是不是能得到中层和员工的响应；虚实失衡，企业文化跟企业数字化转型要求的内在匹配度。

数字基建
通向数字孪生世界的迁徙之路

系统失灵：原有的信息系统越来越难以适应需求的快速变化，企业的供应链、柔性生产、财务、库存、新品开发的速度跟不上业务发展的需要。

增长失速：当数字化战略的实施缺失，带来的必然结果是增长失速。

今天，对企业来说，无论是否启动数字化转型，无论以多大的力度、速度推动数字化变革，我们都面临风险和不确定性。不能说不投入、不冒风险就没有风险，而是不投入、不冒风险可能风险更大。很多时候，不转型的风险往往是确定的，而转型的收益是不确定的；很多时候，数字化转型的动力不是因为收益可以预期，而是因为不转型的成本、风险是难以忍受的；很多时候我们转型的发动机不是 CIO、CPO、CEO 们在推动，很多时候是我们竞争对手的 CIO、CEO 在促进我们转型。今天，对于大多数企业而言，数字化转型不是因为喜欢变化，而是不得不做的一场转型。

数字经济时代，对于新事物不排斥、不盲从，主动拥抱数字化新大陆。

肖利华
阿里巴巴集团副总裁
阿里云新零售事业部总裁

第 5 章

"早上线,早受益"
——数智化升级驱动新增长

数字基建
通向数字孪生世界的迁徙之路

> 动荡时代最大的危险不是动荡本身,而是延续过去的逻辑做事。
>
> —— Peter F. Druker

先从一个小故事说起。

三个人坐电梯,过程中一个人不停地原地跑,一个人不停地撞头,一个人不停地做俯卧撑。电梯到顶后,三个人被邀请分享成功经验:你们是如何成功上来的?一个人说我跑上来的,一个人说我撞头撞上来的,一个人说我做俯卧撑上来的。

听上去都非常有道理。但真正让他们快速且成功上楼的原因其实是坐在时代的"电梯"里面。有人说,巴菲特能够投资成功,原因就是因为他出生在第五次康波周期的回升阶段这一时代"电梯",如果他出生在现在,也不一定会成功。

关于中国各行各业的高速增长的原因,各种各样的解释五花八门。我们不妨看一下其时代背后的"电梯"。

第 5 章
"早上线，早受益"——数智化升级驱动新增长

01

中国高速增长的"电梯"：
和平与发展的伟大时代

从需求方面看，中国拥有 14 亿人口、4 亿多中等收入群体，已形成庞大统一的市场，也是全球最大、最有潜力的市场，随着我国向高收入国家行列的迈进，规模巨大的国内市场会进一步扩张。

从供给方面看，中国是全球第一制造大国。经过 70 多年的发展，中国已成为全世界唯一拥有联合国产业分类当中全部工业门类的国家，拥有全球最完整、规模最大的工业体系和完善的配套能力。

如果离开需求和供给这两个最根本的时代要素，如果离开从经济学角度看的规模效应和网络效应，所有关于中国企业的成功要素的总结都是不够全面不够深刻的。成功者往往喜欢在自己身上找"主观原因"，却忽视了大环境大时代的因素，而失败多是别人或环境的原因，这也符合人之常情，却与实际事实不太相符。当然，中国各行各业高速

数字基建
通向数字孪生世界的迁徙之路

成长的其他关键成功要素还有很多，比如：

物流基础设施："要想富，先修路"，如果没有庞大的铁路、公路、港口、机场等快递基础设施的建设，各行各业包括电商行业想发展得如此之快是不可能的。

通信网络基础设施：截至2019年年底，我国已经全面建成了光网城市，4G基站的总规模达到了544万个，行政村光纤通达率、4G通达率都超过了98%，4G用户超过12亿人，网络规模全球领先，5G基站数占全球的70%。互联网、移动互联网等通信网络基础设施的高速发展对用户新消费习惯的培养功不可没。整个端到端全产业链上下、内外高效协同，信息流的打通都得依赖通信网络基础设施。

还有资金流，支付基础设施在线化、移动化、智能化，政府的开放、包容、引导和支持也起到了非常关键的作用。

第 5 章
"早上线，早受益"——数智化升级驱动新增长

02

数智化转型——未来企业成功的要素

再好的时代，也有失败的企业；再差的时代，也有成功的企业。不同时代背景下，成功的概率有大有小，产生伟大企业的数量有多有少。一个企业成功的充分必要条件，必然是外因和内因的有机结合。

外因主要是时代背景和国际国内行业等大环境；内因有创始人的领导力、战略定位与选择、品牌定位、商品研发、生产制造、物流供应链、渠道布局与整合、营销策划、线上线下全网终端零售、售前售中售后服务体系、金融、财务、团队组织和文化、IT 系统等多种要素。

我们需要特别关注的是：不同时代的关键成功要素在不断变化。过去，更多是土地、劳动力，后来增加了资本，再后来增加了技术、管理、知识，现在和未来增加的是数据、自算力、算法，而且比重会越来越大，未来的世界更多是数据驱动+算力驱动+算法驱动！新消费、新供给、新经济需要升级新动力、新引擎。时代的"电梯"一直在不断进化。

数字化、在线化只是第一步，智能化、智慧化才是未来，数字化

数字基建
通向数字孪生世界的迁徙之路

（Digital）和智能化（Intelligence）也是压缩式、并行式的发展，合起来就是"数智"化（Digintelligence）。

大部分企业还得持续补数字化、在线化的课，少量领先的企业已经走到了智能化阶段，已经构建了端到端智能化、智慧化的系统、能力和体系，智能预测、智能铺货、智能补货、智能调货、智能定价、智能选址、智能推荐、智能服务、智能撮合、智能语音和图像识别、智能驾驶等，全程可追溯，已经实现了数据驱动+算力驱动+算法驱动的运作方式。

当然，各行各业智能化还有巨大的提升空间，大幕才刚刚开启，数智化没有终点。企业管理的本质是决策，怎样让企业的决策更加智能化、更加高效、更加精准、更加灵活是关键。在数智经济时代，数智让价值交换、买卖匹配、供需匹配变得更容易、更高效、更智能。

第 5 章
"早上线，早受益"——数智化升级驱动新增长

03

以消费者为核心——数智化转型的几个关键词

经常有人问我，如果要提炼数智化转型升级相关的最核心的几个关键词，会是什么？

- 以消费者为核心；
- 线上线下、全网、全渠道、全域履约；
- 端到端全产业链、全流程、全场景、全触点、全生命周期；
- 网络协同×数据智能；
- 数据驱动＋算法驱动＋算力驱动；
- 需求牵引供给（C2B）、供给创造需求（B2C）、C2B2C^n；
- C2B2G。

未来的世界一定是一个万物互联、万场升级的世界，未来所有场都需要进行数智化升级。消费互联网端的工作、生活、购物、娱乐、住宿等，产业互联网端的设计、供应、制造、流程、产业等都要进行数智化升级。

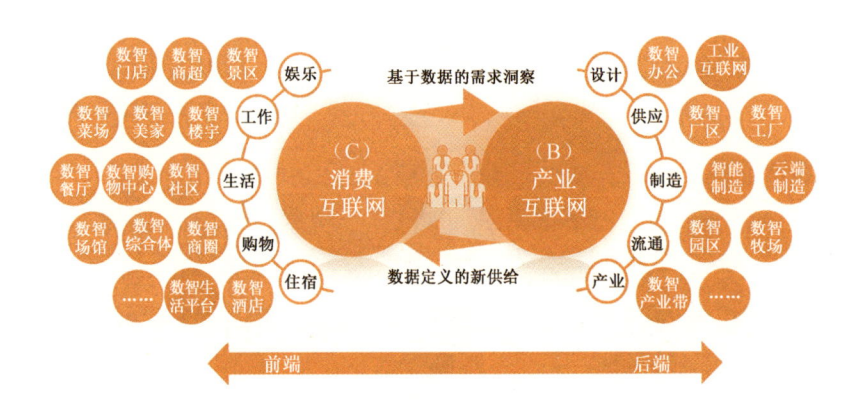

经济活动的四大环节是生产、分配、交换、消费。商业中的重中之重、实现消费环节的是零售，是最终交易——B、C 的价值交换。谈到零售，一定会谈到人—货—场，数智经济正在深刻重构其内涵。

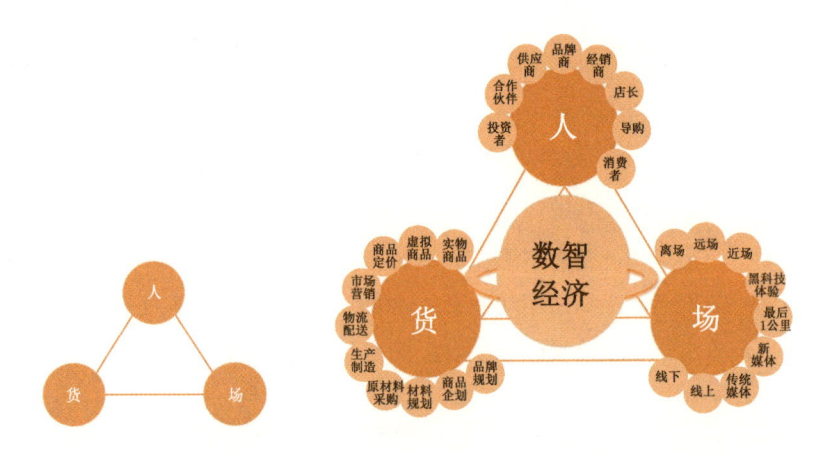

传统的做零售商家，第一重要的是选址，第二重要的是选址，第三重要的还是选址。选址的背后是人流，人流的背后是需求，需求的背后是欲望，欲望的背后是人性，这是不变的。

第 5 章
"早上线，早受益"——数智化升级驱动新增长

- 人：以前，"人"仅仅指消费者，而现在远远不止。谁来服务消费者？导购等一线员工，后面还有店长、经销商、总代理、品牌商、供应商、物流商等，这个链条上的相关人员都了解消费者需求才能真正服务好消费者。所以我们强调组织必须"在线"，如果组织不通，只有一个导购了解消费者的需求，整个产业链上的其他人都不了解，那又怎么能提供消费者真正需求的实物和服务呢？
- 货：过去"货"指的是在店的货品，可是店铺的面积是有限的，商品太多也不好，很多消费者有选择困难症。现在很多企业碰到的问题是，消费者想要的货不够，消费者不想要的货变成了一大堆的库存积压。货能不能虚实结合？能不能做到及时补货？
- 场：实物交易只是场的一部分，有很多诸如直播、3D、VR/AR、到家业务等新的方式方法在不断呈现。人—货—场的重构，就是以消费者为核心的全网全渠道的融合，实现人—货—场的在线化，超越时间和空间限制。

我更愿意把未来的商业称为以消费者为核心的、大数据驱动的、智慧品牌引领的、快速柔性供应链为支撑的、线上线下全网全渠道融合的、端到端全链路高效精准匹配的新商业。

新商业时代，消费者的体验会越来越好，商家可以基于大数据来设计和研发生产消费者真正需要的、适销对路的产品，而不是每天加班加点做出消费者所不需要的库存，造成整个社会资源的大量浪费和错配。

数字基建
通向数字孪生世界的迁徙之路

（图：智慧品牌引领、线上线下全网全渠道融合、快速柔性供应链支撑）

C2B2G（Consumer to Business to Government）是非常重要的，一切以消费者（C）为中心，消费者要的便利、个性化、智能化、精准的服务和体验等，倒逼企业（B）提升运营效率和效益；政府（G）追求的是更加开放、公平、透明、高效和规范。以数字化程度非常高的浙江省为例，浙江省提出了"让数据多跑路，让老百姓少跑路""最多跑一次"的理念。以前，由于很多信息没有打通，老百姓办事要来来回回在多个不同的部门跑，政府数智化后这样的情况将不再会发生。浙江省政府基于钉钉开发了1000多个小程序应用，很多数据都被调用了千万次。

消费者已经全面数字化、在线化，消费者主权在觉醒，不管是对国企、民企、外企，还是政府，都会有越来越高的要求，我们必须顺应时代发展的需求。

取势＋明道＋优术＋合众＋践行，知行合一方能得大道！

第 5 章
"早上线，早受益"——数智化升级驱动新增长

04

如何进行数智化转型

越来越多的企业认同数智化转型是大势所趋，问题是如何进行数智化转型？答案是：5 部曲×5 层架构×11 要素。

5 部曲指的是基础设施云化、触点数字化、业务在线化、运营数据化、决策智能化。

基础设施为什么要云化？举个例子，某家企业日常运行需要 100 台服务器即可，但碰到"双 11"这样的大促销，数据量很可能是平时的几十倍、上百倍（先假设需要 10 倍，即 1000 台服务器）。如果企业只采购 100 台服务器，则"双 11"这样的服务消费者的大好机会就白白丢失了；如果企业采购了 1000 台服务器，那一年当中其他 364 天的利用率就会非常低，从成本角度考虑性价比也是很低的，造成了大量资源的浪费。怎么办？上云。就像自来水一样，想用多少就用多少，按需按量使用和交费。这样做的好处是，高弹性、成本低，还有安全、人才等其他原因。企业全链路数智化转型升级需要用好新型数智化基础设施。

数字基建
通向数字孪生世界的迁徙之路

基础设施云化完成之后，企业就可以用更多的精力专注于自己的核心业务，如品牌打造、商品研发、线上线下全网全渠道服务好消费者等，而不需要把过多时间精力花在非核心业务上。这对工作效率是一个大幅度的提升。

触点数字化为什么要云化？要把采购、生产、物流、全网全渠道零售终端、人—货—场等信息及时采集回来。

业务在线化为什么要云化？所有消费者已经在线了，我们企业内部的门店得在线、商品得在线、服务得在线、组织得在线、管理得在线、生态得在线。

运营数据化为什么要云化？一切业务数据化，一切数据业务化。

决策智能化为什么要云化？未来组织的核心是决策的质量、效率和执行力。

5层架构指的是 IaaS、PaaS、SaaS、DaaS、BaaS。

传统的云更多的只是 IaaS（Infrastructure as a Service，基础设施即服务），后面增加了 PaaS（Platform as a Service，平台即服务）、SaaS（Software as a Service，软件即服务）。阿里巴巴又增加了2层，DaaS（Data as a Service，数据即服务）和 BaaS（Business as a service，商业即服务）。当然，DaaS 本质上是 PaaS 层的，但不同于过去的 PaaS，是一种新的基于数据及数据相关处理能力的服务；BaaS 本质上是 SaaS 层的，但也不同于过去更多偏向于内部交流流程的服务，而是跨端多场景的把 B（商家）和 C（消费者）更加高效精准地匹配起来的服务。传统板块更多是 IT 的服务，我们认为未来更多应该是 DT（Data Technology）和 DI（Data Intelligence）的服务。

11 要素指的是品牌、商品、制造、渠道、营销、零售、服务、物

第 5 章
"早上线，早受益"——数智化升级驱动新增长

流供应链、财务金融、组织、技术。

一般来讲，多数企业会选择营销、零售，先做销售增量，然后通过全网全渠道打通存量，把广大门店、导购、线上线下商品盘活；部分领先企业已经进入上游，利用大数据驱动品牌优化、商品企划设计开发、柔性制造、物流供应链优化、供应链金融、区块链技术全程溯源防伪仿窜等；少量行业头部领先企业已经基于对未来的判断，结合平台等一起共创，对组织的愿景、使命、价值观进行升级，对战略＋业务＋组织＋技术＋运营不断迭代优化，进行垂直行业生态型平台的探索和实践。

用一句话来总结，全链路数智化是以消费者为核心的大数据驱动的全链路、全流程、全要素、全触点、全网全渠道、全生命周期的高效精准匹配。

早上线，早受益，先行者、不断与时俱进者才能享受时代的红利。

数智经济时代大幕，才刚刚开始，让我们一起加速拥抱伟大的数智经济时代！

安筱鹏
阿里研究院副院长

第 6 章

从"抗疫"看企业
数字化转型的五大启示

数字基建
通向数字孪生世界的迁徙之路

01

疫情是对企业数字化转型进程的一次检阅

1. 对于企业家而言，面对疫情需要解决的问题和数字化转型要解决的问题，本质是一个问题，即企业如何面对不确定性。

只有深刻认识不确定性，才能深刻理解数字化转型的本质。不确定性源于信息约束条件下人们有限的认知能力，应对不确定性是人类永恒的挑战。**数字化转型的本质是，在数据+算法定义的世界中，以数据的自动流动化解复杂系统的不确定性，优化资源配置效率，构建企业新型竞争优势。**

关于企业数字化转型，美国和德国都有新技术与实体经济融合的新概念。美国国家标准与技术研究院（NIST）提出智能制造，认为智能制造解决三个基本问题：差异性更大的定制化服务；更小的生产批量；不可预知的供应链变更和中断。这三个问题归结为一个问题，即一个企业如何面对不确定性，做出实时响应。数字化转型的初心就是如何应对变化，市场变了、用户变了、产品变了、技术变了，企业如何适应

第6章
从"抗疫"看企业数字化转型的五大启示

市场+用户+产品+技术的快速变化。

应对需求的快速变化，是疫情带给我们的挑战，也是数字化转型必须解决的基本问题。未来10年，企业面临的重大挑战是如何面对消费者主权的崛起。100多年前福特说"不管消费者需要什么，我生产的汽车都是黑色的"。2019年，在"双十一看中国"活动过程中，欧莱雅中国总裁说："22年前欧莱雅进入中国时，美妆行业是千人一面，现在是一人千面。"对于一个企业来说，数字化转型及其所要解决的核心问题就是，如何满足海量的、碎片化的、实时的、多场景的客户需求。

什么是智能？英国哲学家罗素说，智能始于征服恐惧。面对疫情，我们为什么恐惧？因为我们面临着疫情中的各种各样的不确定性。面对这些不确定性，我们需要去应对、去决策。智能，就是一个主体适应、改变、选择环境的各种行为能力。智能组织，就是一个组织针对外部变化的反应能力。这个主体可以是一个企业，也可以是一个机器人、一个AGV小车、一个数控机床、一个研发团队、一个工作小组乃至于一个人。他们是不是智能，最重要的是看他对外部环境变化的响应能力，对不确定性变化做出响应的能力。

2. 新冠肺炎疫情给我们带来最大的挑战是如何面对不确定性。

人们缺乏对病毒传播规律、患者识别、治疗方法规律的认知，病毒从哪里来？是否会变异？可存活多长时间？毒性大小？病毒潜伏时间到底多长？有多少种传播途径？如何准确识别患者？核酸检测+高烧+CT影像+临床判断的标准是否客观全面？中药、西药、血浆治疗是否有效？什么时间复工？面对疫情带来的不确定性，人们如何进行决策？

数字基建
通向数字孪生世界的迁徙之路

  企业数字化转型也面临同样的问题，企业面临着如何在不确定性的世界中进行决策。企业是配置资源的组织、机器，市场也可以配置资源、政府也可以配置资源。上一次金融危机的时候，一家钢铁企业的董事长说，铁矿石等原材料价格在剧烈波动，钢铁成品价格每天也在波动，这时候企业接到了一个大订单，企业要不要签这个订单？能不能盈利？能不能按时交货？这些都是企业所面临的不确定性问题。

  这次疫情是对企业数字化转型进程的一次检阅。在新商业学堂，良品铺子、红蜻蜓、林清轩的几位企业家介绍了自己应对疫情的举措，企业家们在逆境中找到突破口，也体现了数字化转型的核心要素，即意识+平台+工具+组织。企业要有数字化转型的意识，要树立以消费者运营为核心的理念，树立全渠道营销、线上线下融合、数字驱动等新理念；企业能够有效应对疫情带来的挑战在于业务云化，在于搭建了数据中台、业务中台；企业还要有钉钉这样的数字化工具；企业需要实现组织在线、协同在线，需要营造自组织涌现的机制。

第6章
从"抗疫"看企业数字化转型的五大启示

02

如何面对不确定性：从平台公司抗疫看数字化转型的五大启示

在新冠肺炎疫情发生后的一个多月里，阿里做了以下事情：

阿里应对疫情的实践，引发了我们对企业数字化转型的思考：面对高度不确定性，企业如何应对？有五点启示供大家参考。

启示一：决策机制：先开枪后瞄准，在决策持续迭代中不断逼近目标决策机制，定义一个组织的运行方式和业务流程。在高度不确定性的环境中，企业需要思考自己的目标、决策、组织、文化。

重新定义目标。定义目标即定义战场，面对高度的不确定性需求，找到目标、锁定目标的能力本身就是一种核心竞争力。从客观上来看，目标本身是动态的。从大规模生产到大规模定制的过程，就是目标从固定靶、移动靶向空中飞碟演进的过程，面对快速变化的环境，人们没有

数字基建
通向数字孪生世界的迁徙之路

时间制定一个完美的战略并不紧不慢地组织实施。从主观上来看，目标认知是动态的，环境的快速变化要求企业不断调整目标和方向。从实践来看，解决老问题的道路上会不断涌现新问题。企业需要在行动中、在运动中找到目标，需要先开枪后瞄准，在决策持续迭代中逼近目标。

敢于做不完美的决策。 高度不确定性给企业带来的是信息的高度不完备、条件的高度不充分。越是在这个时候，企业越要敢于决策，敢于做不完美的决策。张勇曾说："最怕的不是管理者做错决定，而是不做决定。""真正的业务一号位，一定是在高度不确定性当中去寻找确定性；一号位需要的特质是决断和担当，因为我们面对的是高度的不确定性。""一个好的领导有三个特质，都跟担当有关：敢做别人不敢做的决定，承担不能让团队承担、团队也承担不起的责任，搞定团队搞定不了的资源。"

在行动中逼近目标。 在应对新冠肺炎疫情的过程中，阿里人如何思考、如何行动？通过小案例可以窥一斑而知全豹。面对节后复工企业可能面对的挑战，阿里云新零售培训团队要把线下培训搬到线上，但搭建什么平台、锁定哪些客户、提供什么内容、组织哪些团队，都不清楚，但他们已经开始行动，边摸索边实践，快速搭建在线直播与云课堂，持续迭代技术平台和运营模式，将线下培训课堂快速搬到线上。从2020年2月10日起先后邀请100多位行业协会、生态伙伴、标杆客户，分享如何复工复产、在线学习、在线直播、在线销售，不到1个月，就聚集了6万多商家、20万人次参与学习，微博阅读量超过1亿，运营团队在持续聚合资源中快速试错，锁定和实现目标。

第6章
从"抗疫"看企业数字化转型的五大启示

业务进化能力是企业的核心竞争力。越是面临不确定性的环境，越是充满了发展的机会，每次危机、挑战、困难都是孕育伟大产品的机会和摇篮，企业需要不断挑战自己、否定自己，培养进化能力。在清华-阿里新商业学堂的企业案例课上，国内零售领军企业老总曾提出一个问题：盒马的核心竞争优势究竟是什么？今天我们把这个问题抛给大家，大家心中可能已经给出了答案，我们听听这位老总的答案是什么：**盒马最大的优势是业态进化能力**，从一个盒马鲜生，不断进化出盒马菜场、盒马F2、盒马mini、盒马小站、盒马里等，这个业态拓展过程就是它不断调整目标、不断否定自己、不断进行业态创新的过程。所以，我们的企业需要思考的问题是，如何构建跨物种的进化能力，如何能够进化成另一个不同的自己。

只有构建低成本试错能力，才能在决策快速迭代中逼近目标。你不能只瞄准、不开枪，也不能只开枪、不瞄准，更不能快开枪、慢瞄准。先开枪后瞄准的逻辑是要在不断开枪、瞄准的过程中逼近目标，逼近目标的原则是为客户创造价值。更重要的是，先开枪后瞄准的背后，是担当，是决策力，是纠错力，这需要企业文化和价值观支持，需要容忍失败的文化，需要低成本试错能力，以及基于未来进行决策的能力。

启示二：组织活力：从 Manager 到 Leader，激发自组织的涌现阿里应对疫情中所体现出来的速度、效率和创新，折射出的是阿里内部强大的组织创新活力，这种活力来自阿里没有 Manager，只有 Leader，来自自组织的涌现。

数字基建
通向数字孪生世界的迁徙之路

"阿里没有 Manager，只有 Leader，阿里组织的核心在于如何面对快速变化的互联网市场，如何高效地组织各类资源，如何激发每一个个体的潜能，实现自我组织、自我管理、自我驱动，通过多部门协同应对各种不确定性。"

"每次危机、挑战、困难都是孕育伟大产品的机会和摇篮，面对各种困难阿里同学们感到迷茫和困惑时，都要回到如何服务好客户这一初心上来。"

"想象力是第一生产力。阿里员工与其他公司员工的最大区别在于他们的想象力，阿里是一个高想象力的企业，因为它拥有一批高想象力的员工。"

这是之前在一次培训中学习体会到的几句话，这次新冠肺炎疫情应对中有三个小案例充分体现和阐释了这一认知。

案例1　7小时上线全国第一个县级基层新冠肺炎疫情防控系统

大年初一（2020年1月25日）上午10:30，接到县级政府疫情防控信息化系统开发需求，11点来自三个不同业务团队的专家组建完成项目组，12点完成与县政府业务需求的沟通，16点新冠肺炎疫情防控系统内部测试版上线。2月1日该系统推向全国，2月20日全国104个市、区上线新冠肺炎疫情防控系统，大大简化了基层疫情统计工作量。

第6章
从"抗疫"看企业数字化转型的五大启示

案例2　杭州健康码开发

健康码是企业、政府在控制新冠肺炎疫情基础上精准复工的重要手段。2月10日杭州健康码上线，2月15日浙江11个地市健康码上线，2月16日国办电子政务办推广杭州健康码。健康码是如何实现快速高效地开发、部署、应用的？面对初期"平台功能每小时迭代+政府需求每日迭代+码和平台定位快速迭代"的挑战，多团队快速协作，这种协作基于统一通用平台+小团队快速决策+部门联动与内外协同，基于自组织方式涌现的小团队分层分段快速决策。

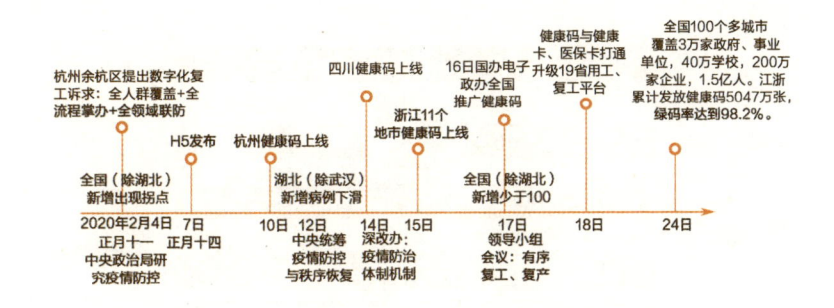

案例3　24小时完成"浙江省疫情防控公共服务管理平台"开发

新冠肺炎疫情防治需要把成千上万家医院的病情、医用物资信息汇总从传统基于 Excel 表手工方式升级为数字化方式，同时开发一个面向公众的"新型肺炎防控公共服务管理平台"。2020年1月26日（大年初二）项目启动，27日覆盖全省卫健委人员"疫情信息采集系统"

开发完成，29 日覆盖浙江省 11 个地市卫健委、90 个区县卫健局、上千个基层防控工作小组。

我们可以看到，这三个案例都是新业务、新应用，如健康码、复工码、疫情报送系统。更为重要的是，这些新业务的开发团队都是钉钉、阿里云、中台、宜搭、GR 等多个部门临时组建封装的，是阿里经济体内持续涌现的自组织，开发团队中许多同学都是第一次见面，但不影响他们高效地协同与合作。组织的活力在于自组织的涌现，在于找到顶层设计、放权一线、分层分段决策的平稳点。

从Manger到leader：新组织的涌现

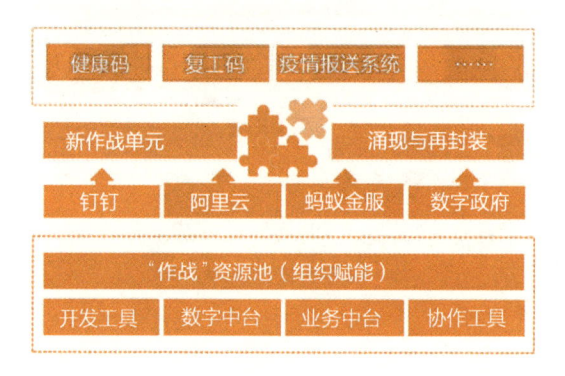

```
健康码    复工码   疫情报送系统    ……

      新作战单元              涌现与再封装

  钉钉    阿里云   蚂蚁金服    数字政府

       "作战"资源池（组织赋能）
    开发工具   数字中台   业务中台   协作工具
```

这种自组织的涌现，可以从更宏观的视角来审视。阿里数字经济体有一个资源池，包括各类开发工具、数字中台、业务中台、协作工具，在这个资源池之上有钉钉、阿里云、蚂蚁金服、数字政府团队。面对不确定的疫情变化，基于特定开发需求快速封装出新的"作战"单元，快速开发健康码、复工码、疫情报送系统等各种各样的系统。基于**"数字化作战平台+特种兵"的方式去化解各类不确定性，是未来数字时代组**

第 6 章
从"抗疫"看企业数字化转型的五大启示

织演进的方向。

面对不确定性，面对数字化转型，所有的组织都要思考一个问题：如何从工业时代的组织向数字时代的组织切换。1995 年 7 月，芝加哥的持续高温热死了 700 多人，2002 年美国社会学家写了一本书《热浪：芝加哥空难的社会剖析》，作者提出了一个问题：运行在强规章、惯于处理确定性事件的传统组织，能否有效地应对一次突发事件？很多时候面对一个不断变化的市场，企业按照原有的工作方式、思维方式操作，可能没什么错，但是在一个高度不确定性的环境中，失误将不可避免。基于确定性的组织行为惯性，是造成突发事件应对失误的元凶。互联网竞争策略中有一个关键：高频打低频，一个组织的常态与突发应对的区别在于：常态化的低频决策机制适应不了突发事件中的高频决策需求。**如何构建一个组织的高频、多中心、短链路决策机制，是一个组织从工业时代向数字时代切换的必由之路。**

从工业时代到数字时代，组织的切换演进表现在：**决策单元从线性控制的单中心到网络协同多中心，组织特征从机械化到生态化，任务来源从上级组织安排到自己定义，决策法则从制度导向到文化导向，决策过程从流程导向、程序优先到效率导向、效率优先，决策意识从坚持经验主义到警惕经验至上。**这些都是我们在数字时代需要思考的管理方式的变化。

数字经济时代如何重建新的组织细胞？新组织涌现的背后是价值观导向和利益导向。正如张勇所说，绝大多数协同问题都不是态度问题，而是生产关系没设计到位；要在一个扭曲生产环境下希望大家一起

数字基建
通向数字孪生世界的迁徙之路

合作，本身就违反人性。

启示三：技术平台：加速从传统 IT 架构向云架构迁徙。在应对新冠肺炎疫情过程中阿里新业务开发和运行效率：复工平台 1 天上线，健康码 1 天上线（常规需要 30 天），基层疫情防控系统 1 天上线，浙江省疫情防控公共服务管理平台 1 天上线，健康码 4 天全省复制，健康码 5 天全国推广等。

疫情中阿里跨地域、跨团队、跨 BU 的高效协同、协作效率来自哪里？阿里是全球第一家核心业务系统全面上云的公司。**全面上云最大的价值不在于降低成本，在于让企业变得更聪明、更智能，能够更加从容地面对不确定性**。未来 10 年是新型基础设施安装期，是云化+中台化+SaaS 化+移动化的过程。传统 IT 架构技术不统一，数据难以共享，业务响应周期比较长，建一个复杂的新系统需要几个月甚至半年。新型数字基础设施是高效率开发、运营的基础。

除了全面上云、基于钉钉的多地协同办公平台，新产品新业务的高效开发也得益于基于云平台的高效开发工具——阿里宜搭。阿里宜搭这个云原生、低代码开发工具，是实现新业务新产品高效开发的有力武器。通过宜搭，人人都能使用 0 代码应用搭建平台。没有编码能力的人，通过宜搭可视化拖曳的方式，都能轻松搭建出自己的应用系统。传统模式下需要 13 天完成的应用，用宜搭 2 小时便可完成。以差旅报销为例，传统开发需要 3 周时间，宜搭只要 1 小时。宜搭通过云化方式服务超过 1000 家企业。

低代码开发工具已成为构建产业生态的核心构件。我们大家都关

第 6 章
从"抗疫"看企业数字化转型的五大启示

注 GE、西门子的工业互联网，2018 年西门子工业互联网平台 Mindsphere 收购了一个低代码公司 Mendix。Mendix 和 Mindsphere 结合起来，基于工业互联网平台让那些没有经过代码训练的人，可以将自己的经验知识沉淀在平台上。低代码开发工具是打造云生态不可或缺的工具。

启示四：创新模式：与客户共创是数字时代创新的基本形态。 这次应对新冠肺炎疫情的过程中，新业务新产品开发最重要的创新模式就是与客户共创。

杭州抗"疫"数字化实践

- **2020年1月26日** "浙里办"App上线"浙江省新冠肺炎公共服务与管理平台"
- **1月27日** 杭州市"发热门诊登记系统"不到40小时完成开发
- **1月29日** 浙江省疾控中心上线自动化的全基因组检测分析平台
- **2月1日** 浙江省卫生健康委员会确认"疫情信息采集系统"上线
- **2月8日** 杭州社区开始率先投入使用智能社区防疫系统
- **2月10日** 浙江37个县疫情风险下调，全省开始推行"健康码"机制，积极应对人口流动及企业复工
- **2月12日**

我们来思考一个问题，这些新业务，这些 App 是谁开发的？有人会说是技术公司开发的。事实上，政府端每天会有 100 多个新需求，平台功能按小时迭代，各级政府事实上已经参与到产品的开发中了。成千上万的用户使用健康码等各种新服务，会提出各种各样的反馈意见，

数字基建
通向数字孪生世界的迁徙之路

所以广大用户也在参与开发。因此，疫情期间健康码等是开发公司、政府、用户等多个主体一起协同开发的产品。企业与用户交互的频率、广度、深度，以及对需求的洞察力是企业的新型能力，未来所有新品开发都将是与客户共创的过程。

阿里 2B 端数字化转型的解决方案也秉持这样的理念。阿里商业操作系统（ABOS）的核心理念就是数据智能创造端到端的价值，对物理世界里的人、货、场在虚拟世界中去重建。阿里商业操作系统（ABOS）的核心理念就是以消费者运营为核心，通过数字商业基础设施重构，实现端到端数字化和全域数据智能，构建持续增长、高效运营的数智化企业。

无论是应对疫情，还是阿里商业操作系统，未来数字化转型的一个核心理念是，企业产品创新、业态创新、服务创新都是与客户共创的过程。

启示五：文化基因：面向数字经济实施一场组织文化层面的"转基因工程"。 组织的变革、技术的变革背后是文化和价值观。文化在无形中指导着每个员工、每个组织、每个团队、每个 BU 面对不确定性时做出选择。许多决策并非基于流程或某种制度，而是基于文化价值观的决策。文化价值观的作用既内化于日常行为，也体现在两难抉择的关键时刻，是自组织能够涌现的基础。面向数字经济，所有企业都要实施一场组织文化的"转基因工程"。

问题就是机会，疫情是全社会的数字化转型在意识、工具上的再启蒙、再教育，创新往往在泡沫、危机、颠覆等非常状态下演进和涌现，

第6章
从"抗疫"看企业数字化转型的五大启示

此次新冠肺炎疫情也是一次在线生活、工作和学习方式的"强制体验"。但这些机会稍纵即逝,抢抓机会需要组织的主动性、创造性,以及担当、责任感,这些动力机制形成的背后都可以看到文化价值观的作用。新冠肺炎疫情期间开发的每一个新产品、新业务,都是客户第一价值观的一次实践。

完成组织层面的"转基因工程",是企业迈向数字经济的"入场券"。互联网新技术加速了组织形态的分化,面对不确定性,传统僵化的组织暴露了组织能力的失衡;**加速构建与互联网技术相适应的开放、扁平、灵活的组织体系,实施组织层面的"转基因工程",是本次新冠肺炎疫情给企业的重要启示。**它体现在,组织边界从封闭走向开放;在组织方式上,构建起自组织涌现机制,重建组织生命周期;在合作机制上,从串联走向并联再到网络,构建生态化的协作网络;在组织架构上,构建小前台+大中台的新体系。

中篇

梁春晓
苇草智酷创始合伙人，
信息社会50人论坛理事，
盘古智库学术委员会副主任

姜奇平
中国社科院信息化研究中心主任、
信息化与网络经济室主任、
中科院《互联网周刊》主编

安筱鹏
阿里研究院副院长

第7章

数字基础设施与企业数字化转型

7

数字基建
通向数字孪生世界的迁徙之路

突如其来的新冠肺炎疫情给我们的社会经济生活带来了很多影响，但是人们的生活质量并未下降太多，国内疫情快速防控、复工复产有序恢复，下图中几组数据反映了疫情期间人们的生活工作情况。我们要去思考一个问题：究竟什么样的基础设施在支撑着新冠肺炎疫情期间经济社会的运行？

全国350万老师、1.2亿学生在家通过钉钉视频上课

新冠肺炎疫情信息上报、发布和预警，大数据隐形传染源追溯，街道和社区新冠肺炎疫情防控小程序

"健康码"落地全国200个城市。2亿上班族钉钉远程办公和视频会议，平均每天有3万人在家新开淘宝店

8.5亿消费者在互联网App买菜、点外卖，"疫情服务直通车"两周服务6亿人次，减少9000万次出门

远程视频会诊，火神山、雷神山医院5G直播云监工

云签约、在线IPO、直播销售、在线广交会、在线G20、在线发布会

云上课、云复工、云医疗、云服务、云生活、云治理

5G 云计算 大数据 人工智能

第 7 章
数字基础设施与企业数字化转型

01
先进的生产力推动基础设施变革，催生新的生产关系

梁春晓：基础设施的变革，推动新商业文明诞生

当前两个热门话题：一个是新基建，另一个是数据被列入新的生产要素。

回顾过去，如果说 1995 年互联网进入中国，在一定程度上开启了中国的互联网进程，或者说开启了数字化转型的进程，那么，新基建及数据作为新的生产要素的提出和推进，标志着数字化全面转型的到来。1995 年互联网进入中国，我们仅把它当作一个工具，就像电话、传真一样。过了 5 年左右，我们认识到互联网其实是非常好的商业渠道，可以在线下市场之外再建立线上市场，后来又发现互联网还可能成为平台。

数字基建
通向数字孪生世界的迁徙之路

对淘宝的认知也是如此,刚开始淘宝被认为是一个网站,后来发现还是连接供方、需方、服务商的平台,更重要的是,它催生了很多以前从未见过的新的主体:先是网民,再是网友和交互,2004年又提出网商——一种新的商人、新的商业组织形态,随后各种各样从没见过的服务商层出不穷,包括店铺装修、仓储和物流等。我们把这种现象叫作"生态大爆炸",我们发现我们可能已经到达了一片新大陆。新大陆上所有新物种、新生态、新生存方式、新商业模式的产生,背后依托的都是新的基础设施。

早在10年前,人们就形成了共识:我们正在迎来一个新的数字化基础设施时代,在这个基础设施创立的新大陆之上,在新物种、新生态之上,是新的治理、新的规则,乃至新的文明。正是在这样的背景下,"新商业文明"提出来了。互联网的作用从开始时的一个点,到一个渠道或一条线,再到一个平台,或者说基础设施就是一个平面,平面上的主体、生态、规则、治理、文明,导致今天互联网经济体的产生。

整个新商业文明的演化,就是由点到线、面、体的演进过程,最根本的就是基础设施的变革。中国互联网发展的20多年,先进的生产力、新的生产力推动了基础设施的变革,催生了新的生产关系。

姜奇平:数字化基础设施出现后,使用权和所有权再次分离

不同的商业文明所依存的基础设施是不一样的。基础设施的变革,

第 7 章
数字基础设施与企业数字化转型

对企业家来说意义重大。彼得·德鲁克说过，所有失败的企业家都是一个原因：没有跟上环境的变化。企业家的成功在于他的商业与环境、基础设施相匹配，如果环境变了，他没跟着变，商业与环境不匹配就会失败。基础设施的变革，对企业家来说也是巨大的挑战。

基础设施发生变化，生产力会慢慢影响生产关系，制度结构、治理结构都会发生变化。新的商业文明会带来新的制度，也就是新的权利结构。产权制度正发生着惊天动地的变化。网商们在意的是使用而不是拥有，重视的是使用权而不是所有权。过去在所有权基础上建立的资本主义经济制度结构，正在被一种以租代买的权利结构、轻资产运作的结构取代。土地的所有权和使用权在法国大革命之前是分离的，也就是租和买的权利是分离的，法国大革命建立了完整的土地所有权体系，形成两权一体化，成为了土地产权制度的基础。数字化基础设施基本成熟之后，使用权和所有权再次分离，这是自法国大革命以来的最大的产权变革。但很多产权专家和企业家并未深刻感知，只有那些对环境敏感的企业家才知道：可以以租代买，用生态的方法做企业。这就是数字基础设施的改变所带来的连锁反应。

梁春晓：基础设施改变的连锁反应，
最先被观察到的是经济结构本身发生的变化

制订"十三五"规划之前，我们对基础设施做了系统研究，其中重要的一个问题是，互联网和以互联网为核心的信息技术会对未来的经

数字基建
通向数字孪生世界的迁徙之路

济发展产生怎样重大的影响。关于信息生产力及由此催生的新的经济形态的研究也在展开。信息生产力对经济的推动作用，最先被观察到的是分享经济，是租还是买？是独占还是贡献？就是说，基础设施的改变所产生的连锁反应最先被观察到的，恰好就是经济结构本身发生的变化。

天猫"双十一"，为什么数以千万计的人能短时间内同时产生那么巨大的交易量？这是因为以前交易过程都是链式的，从生产商到零售商，以及众多的中间商都是串行处理，效率受到制约。但是电子商务时代，很多中间商没了，但同时很多新出现的服务商在为交易服务着，他们是并行处理的。所以"双十一"消费者发起一个交易，中间所有的服务商在短时间内都会动起来，整套体系都会联动起来。

所以，经济结构的第一个变化，是从串行到并行，从横向分工到纵向共享。工业时代的经济体系强调分工，通过分工提高效率，导致现在产业化体系的划分，是以分工为核心的。然而，如今的现代服务业很难说属于哪个产业，工业时代以分工为核心的产业化体系开始失效。现在产业划分更关注的不是处于分工链条中哪个环节，更关心产业在经济体系里能够提供或依托多少共享支撑。经济体系最底层的就是基础设施，往上是平台，再往上才是各种各样、大大小小的生产者。

经济结构的第二个变化，是生产要素的扩展，以前的生产要素停留在资本、土地、劳动力和企业家才能上。随着互联网的到来、信息技术的发展，数据加速流动。数据的流动性增强，极大地释放了数据本身的价值，逐渐成为整个生产要素的重要组成部分。

经济结构的第三个变化，是一切的基础是整个基础设施的变革，不是哪个单一基础设施的变化。

第 7 章
数字基础设施与企业数字化转型

安筱鹏：云计算带来的经济社会转型是底座式迁移

基础设施给整个经济结构带来的变化，和今天企业数字化转型的逻辑异曲同工。过去无论是政府还是企业，都是多个孤立的系统，现在这些系统之间需要互联互通。今天基础设施正在从传统的 IT 架构向 DT 时代的云架构迁移。在数字技术底层的云上，已有各种各样的开发工具、业务中台、数据中台，有很多灵活化、碎片化的服务。

今天，数字基建设施是多种技术、功能、设施的集成，是物联网、大数据、云计算等技术的"核聚变"。要素和要素、技术和技术相互影响、相互作用，远远超越了工业时代相对独立的基础设施。

以云、网、端为核心的数字基础设施中，云计算有巨大的潜力，带来的经济社会转型是底座式的迁移。2015 年前，我说云计算的价值被低估了，今天，我仍然觉得云计算作为新的基础设施底座的价值和意义被低估了。

姜奇平：从产权制度转变的角度看云的独特价值

被称为"新制度经济学家"的威廉姆森把专用技术看作专用性资

产，是工业资本主义经济制度基础的组成。从制度基础的角度讲，云具有独特的价值。云计算不单是技术，云作为生产力，可以转变生产关系，因为生产关系是通过云服务和云模式体现的。

云的模式特征和工业资本主义非常不一样，因为以租代买不会成为工业资本主义的主要现象，最多是收费模式的改变，产品免费而服务收费。

云之前的制度基础是什么？如果说是和云相反的，那一定是对所有权敏感而对使用权不敏感。云架构下的制度基础，所有权归属不再敏感，但是使用权变得敏感了，把使用权租出去、收回来使用费，才是决胜的关键。所以在这种情况下，云计算的共享更为开放，从而影响整个体系发生变化。

梁春晓：以终为始的战略决策支持了阿里云的出现

我们习惯把新事物纳入旧的体系里去看待。事实上，面对新事物，我们需要发挥想象力。阿里巴巴在面对新事物时是怎么做的？阿里巴巴有一个重要的概念叫"终局判断"，就是隔一段时间，发挥想象，不管现在怎么样，考虑 10 年、20 年、50 年后会发展成什么样，然后"以终为始"来决定现在怎么做。2008 年前后，阿里巴巴有两个重要的终局判断：第一个是未来的一切都是面向消费者设计的；第二个是未来的云计算会成为公用基础设施。

第 7 章
数字基础设施与企业数字化转型

第一个终局判断导致 B2B 起家的阿里巴巴，要发生前队变后队、后队变前队的调整。第二个终局判断导致了阿里云的产生，阿里能够不惜血本，坚决做云计算，这不是一个简单的技术决策，这是一个对未来的想象。

如果全世界未来真的只有几朵云，阿里云希望成为其中一个，这就是整个战略决策的由来。所以说，一个企业富有远见的战略决策，在很大程度上取决于对未来的想象。阿里有句话——想象力是第一生产力。

姜奇平：云计算是"体变"而不是"用变"

对事物变化的想象，简单地说，就是判断"体变"还是"用变"。缺乏想象力的人，共同特征是把变化都理解为用变，谈起应用和技术变化头头是道，而忽略了体系的变化。想象力需要考虑系统级的变化，是根上的体变。

系统究竟发生了什么变化？系统根本的变化是，过去工业化是以生产者为中心的体系，现在变成以消费者为中心的体系。互联网电子商务刚兴起时，最常听到的是"这个不就是什么什么嘛""商业本质也没有变化嘛"，谈的更多的是怎么把现有的商场电子化、用互联网方式运营，而没有看到商场已经被全新的体系圈了起来。

云计算的出现，基础设施的变化，都是系统级的变化，是"体变"而不是"用变"。

02

如何理解数据作为新的生产要素

姜奇平：数据作为新的生产要素，成为通用性资产

国家发展改革委员会、中共中央网络安全和信息化委员会办公室发布的"上云用数赋智"实施方案提出"通用性资产"的概念，包括中台、通用软件、数字孪生的解决方案、数字化生产资料等数据要素，并指出其特征在于"通过平台一次性固定资产投资，中小企业多次复用"。

数据要素成为通用性资产，是该文件的亮点。通用性资产，最初是制度经济学派提出的，涉及对生产要素的判断。威廉姆森作为"新制度经济学"的提出者，提出资产专用性，认为整个资本主义制度从底层属性概括就是资本专用性，其他的都不重要，由此建立的制度就是资本主义制度。现在，数据作为生产要素，不再是专用性技术而是通用性技术，不再是专用性资产而是通用性资产。

第 7 章
数字基础设施与企业数字化转型

现在对数据要素更多的还是从技术角度来理解的，认为是 0 和 1 在起作用。从理论角度看，要素变革的革命性体现在哪里？就在于工业时代与信息时代要素的控局点不同。工业时代，要素控制的是工具和手段，称为工具理性，是控制物理世界、实现目的的手段，但是对目的是失控的。信息时代，数据要素控制的不是工具理性，而是工具理性要达到的目标。这一点对于企业家来说，务必要注意。数据要素，就是从控制中间价值变为控制最终价值。

梁春晓：数据作为生产要素，与新基础设施密切相关

在新的经济结构里，新的生产要素和新的基础设施产生了翻天覆地的变化。数据作为生产要素和基础设施密切相关。没有以云、网、端为核心的基础设施，是没法谈数据及数据作为新的生产要素的。新基建就是以互联网为核心的，包括云、网和各种各样的智能终端，智能终端作为基础设施的一部分，恰好是新基建的一个非常重要的特征。

实际上，在前互联网时代，通过数据本身的价值分析，我们意识到某些产品之间独有的相关性，这种相关性放到商业上就能够降低成本、提高收益。但是在前互联网时代，没有云、网、端，数据的采集受到极大的限制，数据的流动存在极大的限制，数据的存储处理没有这样的能力，尤其没有能力识别海量大数据。数据本身的价值和数据要素的边际

效益根本体现不出来。

现在，正是因为有数字基础设施的出现和支撑，数据作为要素的价值才逐步形成。

安筱鹏：数据作为生产要素，如何创造价值？

从技术角度看，数字化转型本质上颠覆了传统产业工业革命以来赖以生存的"传统工具+经验决策"的发展模式，给企业带来了两场深层次的革命：工具革命和决策革命。工具革命通过自动化提高组织和个人的工作效率。决策革命以人工智能等手段优化提高决策的科学性、及时性和精准性。

决策革命，是企业每个决策主体面对各种决策的时候，系统能把正确的数据在正确的时间以正确的方式传递给正确的人和机器，我把它定义为数据的自动流动。仅有数据要素是不够的，还需要数据背后的各种各样的算法。数据流动的价值就在于，能够基于"数据+算法+算力"做出精准的决策。

数据作为生产要素如何去创造价值？之前讨论风电、光伏发电是很好的例证，数据通过与算法的结合，对未来发多少度电进行精准预测，解决了弃风弃电问题，从而创造了价值。当有新的基础设施平台之

第 7 章
数字基础设施与企业数字化转型

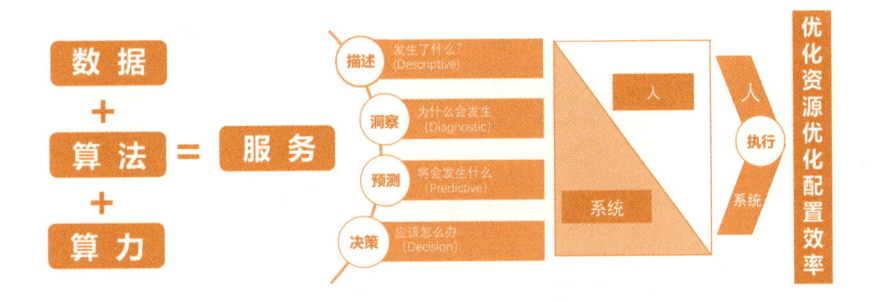

后，每个企业都可以把自己的算法贡献出来，形成算法市场。企业可以选择算法市场里最优异的算法模型，把自己的数据输送到算法模型，通过更及时、全面、准确的数据与算法结合，对未来情况做精准预测。数字化转型的本质，就是在"数据+算法"定义的世界中，以数据的自动流动化解复杂系统的不确定性，最终的目的在于，提高资源配置的效率，获得更多的商业价值和社会价值。

数字基建
通向数字孪生世界的迁徙之路

03
数字基础设施促进知识分工的提升

安筱鹏：ICT 技术演进的基本逻辑：
硬件通用化，服务可编程

过去 50 年，整个信息通信技术发展的逻辑与规模经济和范围经济都有关系。

工业 4.0、智能制造概念刚引入中国，专家们对个性化生产与规模化生产、数字化转型的趋势争论激烈。有专家说，工业 4.0、智能制造最重要的趋势就是定制化生产，工业经济下的福特式大规模生产方式要转变成定制化生产、个性化定制。又有专家以苹果手机的生产作反驳。苹果只出一两款手机，但这一两款手机生产的规模化程度，比 100 年前福特制的规模化有过之无不及，所以不能说个性化定制是趋势。

这些争论乍一听好像都有道理，但仔细想好像又不尽然。因为苹果

第 7 章
数字基础设施与企业数字化转型

手机这样的互联网智能产品的功能正在解耦，产品的软硬件正在分离。苹果手机 iOS 上有各种各样的 App，是个功能池。也就是说，产品的硬件可以遵循规模经济，进行规模化生产，但是产品面向每个消费者时，服务又是个性化的。软硬件分离解耦后，硬件变得通用化，也就是资产的通用化，而服务则变得可编程，使得面对个性化和各种不确定性的时候，范围经济成为一种可能。

控制系统中软件和硬件的解耦和分离，正是 ICT 技术演进的基本逻辑。未来几乎所有的设备都会沿着这样的逻辑不断地进行解耦、分离，未来所有的企业应对消费者个性化的需要，就是产品不断地去解耦，把硬件变得越来越通用化，成本越来越低；让服务变得越来越可编程，以应对各种不确定性。

姜奇平：数字化转型的趋势是多元化的

从经济学的角度看，多样化意味着提价，非多样化意味着降价。对于企业来说，越想提价竞争，越要多样化；越想降价竞争，越要同质化、降低成本，所以分工专业化和分工多样化的背后，隐藏着一个企业关心的道理，就是到底要提价竞争还是要降价竞争。

那么我们原来的规模经济降价竞争的缺陷是什么？就是规模经济下企业的零利润，企业报表显示企业规模很大、收入很多，但利润没有。问题的关键在哪儿？从逻辑上来说，就是缺乏多元化，缺乏生态的丰富性。

梁春晓：互联网降低了交易成本，扩大了市场规模

杨小凯的分工与专业化理论，加深了我们对互联网和电子商务经济本质的理解。20 年前，我们谈的比较多的就是电子商务的商业模式和商业模式创新。就商业模式创新而言，在人类经济发展过程中并不是一个经常会出现的概念。把商业模式放在杨小凯理论架构之下就很容易理解，商业模式归根结底就是亚当·斯密的管理分工理论的应用。

首先，分工是网络高度发达的结果，杨小凯把社会经济活动中所有的东西，包括货币、国际贸易、城市的出现等，通通归为分工网络高度发达的结果。他把原来在经济学里分属于不同的经济的东西全部一体化。

其次，超边际问题促进新的分工体系的出现。之前的微观经济学都是边际分析，都是在既有的分工网络体系下考虑怎么优化，但是实际上真正起作用的恰好是杨小凯提出的超边际分析，是一种新的分工体系的出现。

每种新的专业化分工体系的出现都依赖两个条件，一是交易成本降低，二是市场规模扩大。而互联网恰好在这两个方面都产生了极大的

第 7 章
数字基础设施与企业数字化转型

推动力,既降低了交易成本,又拓展了市场,所以使得原来不能够实现的分工得以实现。

安筱鹏:在数字基础设施平台上,基于知识分工的产品会越来越多

伴随生产力的提升,产业分工不断深化,经历了部门分工、产品分工、零部件分工、工艺分工和生产服务分工五个阶段。今天,因为互联网的出现、交易成本的降低、市场边界的拓展,使得另一种分工出现,就是知识创造分工,我把它定义为"知识分工 2.0"。数字信息时代,基于数字基础设施的知识分工产品得以快速在市场上拓展。

回顾全球产业分工体系中知识分工的特征和趋势可以发现,集成电路产业分工格局的变化呈现出鲜明的特征。同样是一个复杂的产品,为什么有很多宇航级复杂的产品开发投入效率不高,而集成电路比较高?这是值得大家思考的问题。这是因为集成电路产业的行业知识的生产、传播和使用的效力差异性造成的,它形成了基于知识的产业分工新体系。

早期集成电路产业,集整机生产和芯片设计、制造、封装、测试为一体,是综合型 IDM 模式。伴随着信息技术的不断演进,集成电路产业中的芯片设计、代工制造、封装测试等环节不断地从早期一体化模式

中分离，成为独立的产业体系。1967 年，美国应用材料公司成立后，集成电路材料和设备制造成为独立行业。1968 年，Intel 公司成立，形成垂直性 IDM 模式。1978 年，Fabless 诞生（IC 设计独立）。1987 年，台积电成立（IC 制造环节独立），Foundry 模式出现。1991 年，英国 ARM 公司成立，同时逐渐涌现出一批专注集成电路 IP 设计和研发的公司，集成电路产业开始兴起架构授权的 Chipless 新商业模式，这标志着基于知识创造的专业化分工独立出现在集成电路产业链中。

集成电路产业：知识生产、传播、使用效率的差异

整机生产和芯片设计、制造、封装、测试为一体，称为综合型IDM模式。	IDM 集成电路产业垂直结构	Fabless 芯片设计分离	Foundry 芯片代工制造分离	Chipless 芯片设计制造知识服务再分离
1967年 美国应用材料成立，材料和设备环节成为独立行为	1968年 Intel成立，IDM模式形成	1978年 Fabless诞生，IC设计独立（高通1985）	1987年 台积电成立，IC制造环节独立	1991年 ARM成立，Chipless诞生 IC设计环节进一步分化，IC设计架构、基础电路知识（IP）成为一个产业，80%SoC采用IP

（来源：阿里研究院，2019）

在过去几十年的时间里，集成电路行业知识分工不断深化，但是这样的行业毕竟是有限的。过去，一个知识要投入生产，渗透到产品设计、研发、生产全流程，是个长周期的过程。今天，数字经济时代最重要的一个变化是有了工业互联网平台，知识、经验、方法、模型，变成 App

第 7 章
数字基础设施与企业数字化转型

和算法,可以放到数字基础设施平台上的算法市场去交易,可以直接作为一种商品需求,大大缩短了知识产品的生长周期。未来像这样的基于知识分工的产品会越来越多,这是数字经济时代与工业经济时代最重要的一个区别。

有了新的基础设施之后,人们可以把所有参与主体的知识、各行各业的知识不断地显性化,沉淀在平台上,知识作为资产的通用性提高了。通用性提高,意味着面对个性化需求不需要重新再开发,复杂性的系统问题就可以用比较低的成本去解决。

梁春晓:数字基础设施,促进专业化分工水平提高

各种应用的涌现,其实是新的专业化分工的主体越来越丰富的表现。这关系到两个问题,一是专业化的分工水平的提高,起根本作用的还是基础设施。基础设施有三个特点:泛在、共享、高效。互联网的发展、交易成本的降低、市场的扩大,促进了整个互联网时代的分工、网络的演化,在很大程度上就是因为数字基础设施所促进的专业化分工水平的提高。二是知识分量越来越重,内生比较优势越来越突出。比较优势是杨小凯经济学理论中的一个非常重要的概念,又分成内生比较优势和外生比较优势。以往我们讨论国际贸易谈的比较多的是外生比较优势,核心思想就是什么有优势就做什么。如果说按照这个说法,就没有办法理解阿里巴巴的成功,它既没有国际贸易优势,也没有技术优

势。可以说互联网创业公司里面，几乎所有公司在做这行之前，都没有这方面的优势，这导致过去好多年做管理咨询的那套 SWOT 分析法失效了，优势、劣势、成本、机会的分析几乎都不合常理，但是恰好就是他们先做了互联网创业。

问题在哪儿？这是因为现有的经济形态里，知识分量越来越重，内生比较优势越来越突出。从短期来看，外生比较优势可能会起一定作用，但从长期来看，内生比较优势积累的速度会非常快，这就导致不是"什么有优势做什么"，而是"做什么，什么就有优势"。通过这样不断地积累，直到形成优势，这样才能产生一种新的分工主体。

现在这样的创业者有很多，内生比较优势在数字基建中不断地积累，我比别人先走，我就积累了这样的知识优势，而这样的知识优势又因为我们现在这些数字基础设施的存在，能够不断地积累、不断地交流、不断地贡献，使得这种因为知识形成类似比较优势的增长速度比以往更快。现在我们强调中台战略，中台的出现，其实也是一种新的分工网络，每个部门可以共享中台，把我们所有的知识都往里面扔，在里面交流，不断增长，内生比较优势就会越来越大。

姜奇平：数据要素的地位和作用从边缘到了中心

传统要素遵循的规律是越复杂、成本越高，然而知识要素的规律正

第 7 章
数字基础设施与企业数字化转型

好是反的，它是越复杂、成本越低，这在集成电路产业中有所体现。在分工专业化主导的时候，传统制造的规律是越简单、成本越低，在这个规律下，知识是无用武之地的，因为 80%都是重复工作，不一样的多样化的工作只占 20%。集成电路产业分工的发展说明，80%的工作是不重样的、复杂的、多样性的工作，只有 20%的工作是重样的，这时候知识要素的特征就体现出来了。当分工多样性成为主导，服务业和高附加值的产业成为主导的时候，知识多样性越高，附加值越高，成本反而越低，这是知识分工的本质。对企业来说，归根结底是想提价竞争还是降价竞争，这取决于知识如何落地。

当然不是说有了数据要素以后，物质资本、人力资本就都不重要了。真正的变化是：在新的生产方式下，数据要素的地位和作用从边缘位置移到了中心位置，当生产要素变了以后，那么知识在整个经济中占有的比重可能发生了根本性的变化，这时候革命就在这个过程中完成了。

扫码观看本期视频

梁春晓
苇草智酷创始合伙人，
信息社会50人论坛理事，
盘古智库学术委员会副主任

姜奇平
中国社科院信息化研究中心主任、
信息化与网络经济室主任、
中科院《互联网周刊》主编

安筱鹏
阿里研究院副院长

第8章

数字基础设施与消费主权崛起

数字基建
通向数字孪生世界的迁徙之路

01

消费者主权崛起

安筱鹏：未来 10 年，企业面临的最大挑战是消费者主权崛起

资产通用性的背后对应的是个性化的需求，在未来的 10 年或者更长的时间，企业家面临的最大挑战就是消费者主权的崛起。100 年前福特说，不管消费者要什么，我只有黑色汽车。今天，欧莱雅中国总裁说，22 年前进入中国时，美妆行业是"千人一面"，现在是"一人千面"。过去 3~5 年，业界讨论最多的工业 4.0、智能制造，背后重要的逻辑就是需求发生了变化。企业对需求的变化做出响应的能力，就是智能。面对个性化的需要，做出高效、实时、精准响应，就是企业的竞争力。企业之间的竞争相当于一次次"撑杆跳"比赛，企业要一次次跳过不断抬高的横杆，去赢得后面海量的消费者。在过去很长时间，企业竞

第 8 章
数字基础设施与消费主权崛起

争的是生产成本、企业效率、产品质量，横杆的每次抬高，都会有竞争对手退出市场。今天，企业的竞争演变成如何对客户的需求实时感知、实时响应。这种新的能力，我把它定义为"客户运营商"。这时候，横杆一下子提高很多。企业要在竞争中赢得新的竞争优势，就需要提高实时化、个性化的服务能力。

姜奇平：不是企业管理用户，是用户"管理"企业

我们对 C2B（C To B）的认识应该上一个台阶。通常情况下，我们谈 C2B 都把它当作交易的概念。实际上，现阶段应该从资本的角度讨论 C2B，我们会发现，用户角色发生了变化，用户从服务对象变成了"上帝"，或者变成了"老板"。我们不能简单地把消费者看成和企业在做买卖，仅是做买卖就没有增值。那在 C2B 中如何增值呢？首先要考虑到资本家不是我，而是用户，要让用户来"指挥"生产。过去谈 C2B，很多人没有理解生产和消费到底是什么关系，究竟是谁指挥谁。从资本角度思考 C2B 增值，就很容易想通了。C2B 的体制，其实就是消费者参谋部，就像毛奇设计普鲁士总参谋部一样。欧洲君主国家之间打仗，毛奇发现，在军事上军官是专业化的，但是君主作为军队统帅却是业余的，业余的统帅领导专业的部队会打败仗，怎么解决？毛奇的解决方法就是给君主配一个参谋部，使业余的统帅能够做出专业的决策。

现在要提高的是，怎么使业余的老板具有专业的指挥生产的能力，要通过数据这种机制使业余的统帅借助参谋部的能力做出专业的决策。所以不是企业管理用户，而是用户"管理"企业。这不是传统的客户关系管理，传统的客户关系管理依旧是以生产者为中心。那企业如何去实现用户"管理"企业呢？现在美国好多企业把市场部裁撤了，成立贴近用户的新部门。用户"指挥"生产的实现，需要体系化、组织化，可以把需求当作一个工程来理解，实现需求的专业化。

梁春晓：数据化支撑、大规模制造、个性化服务三位一体

消费者主权崛起，其实不是现在才冒出来的。没有消费者不想厂家按照自己的需求来提供产品和服务。但是为什么以前做不到呢？过去，限制消费者主权的原因有三个：一是成本问题，要求每个生产商都满足每个消费者的个性化需求，但生产成本太高，以至于只有极个别出得起价钱的人才能够得到个性化的服务，比如服装高级定制；二是产能问题，企业根本就不屑于去满足个性化的东西，个性化的东西成本高，而且仅服务于小众群体；三是基本消费者需求没有得到满足，消费者本身在任何时候都有个性化的需求，但是以前没那么强烈，因为还有些基本的需求没有得到满足。

现在，以云、网、端为核心的数字基础设施，降低了交易成本、拓

第 8 章
数字基础设施与消费主权崛起

展了市场规模，使得上述三方面都发生了变化，生产成本得以降低、产能提高、物质的丰裕程度极大提高，消费者主权从隐性变成显性，成为影响未来经济发展的核心力量。也正是在这个背景下，阿里巴巴在2008年前后提出一个未来终局判断：未来的商业一定是面向消费者需求来进行设计的。只有在今天的数字基础设施上，消费者的需求才可以通过数字化的方式被充分表达、汇聚，才能得到数据化支撑，被精准传递给供给端。过去一些淘宝商家的商品价格并不是最低的，但是销售业绩非常好，凭借的就是个性化的服务。消费者买的是整个综合价值，这种综合价值是一种个性化的。我们如何理解数字时代？不是简单地对工业时代的否定，我更愿意理解为一个正、反、合的过程。如果说农业时代是正，工业时代是反，那么数字时代就是合。农业时代是小规模、个性化的生产，工业时代就是大规模、标准化的生产，现在我们既能大规模还能个性化。这中间是数据化支撑、大规模制造、个性化服务在起作用，在数字时代是"三位一体"的。

姜奇平：需求专业化，把需求管理从业余变为专业

供给端"专业"、需求端"业余"，是企业普遍面临的困境。现在的问题不是需求太分散，而是需求根本就是业余的。那企业怎么才能把业余的需求专业化呢？企业家要充分利用数据把需求管理从业余变为

数字基建
通向数字孪生世界的迁徙之路

专业。IT 业实践中有个概念叫"需求工程",需求也应该像生产一样高度专业化,用工程的方法解决需求专业化问题。在传统工业中,特别复杂的产品也会有这样的概念。从需求工程的角度来看,需求分为需求定义、核心活动、系统上下文三层模块。需求定义相当于经济学的效用函数,要通过大数据专业化地探测用户会为什么商品付高价。需求定义包括:目标专业化,以双赢为目标;场景专业化,以交互为手段;面向需求的解决方案专业化,就是用户要求的是解决方案。核心活动模块专业化,包括协商、抽取、文档化(协商是要打破流程体制,用并连体制、并行操作的方法去吸取资源;抽取,简单地说就是中台,合并同类项的资源由中台来提供;文档化就是根据所定义的文档和规约规范,将所抽取的需求进行文档化和规约描述)。系统上下文模块专业化,包括主体、使用、IT、开发模块的专业化。需求经过以上三个层面的专业化后,我们会发现需求从零散状态变成可以描述出需求曲线的状态,

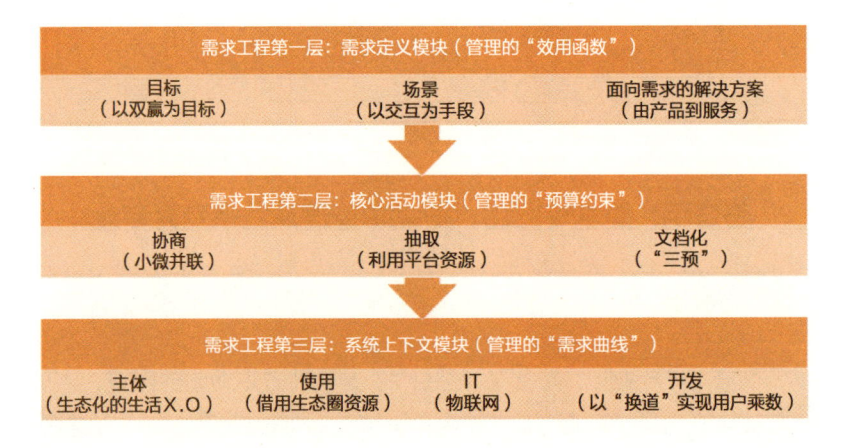

需求工程第一层:需求定义模块(管理的"效用函数")		
目标 (以双赢为目标)	场景 (以交互为手段)	面向需求的解决方案 (由产品到服务)

需求工程第二层:核心活动模块(管理的"预算约束")		
协商 (小微并联)	抽取 (利用平台资源)	文档化 ("三预")

需求工程第三层:系统上下文模块(管理的"需求曲线")			
主体 (生态化的生活X.O)	使用 (借用生态圈资源)	IT (物联网)	开发 (以"换道"实现用户乘数)

第 8 章
数字基础设施与消费主权崛起

在经济学里描述出需求曲线，问题便有解了。需求工程要做的就是，用数据将需求从业余变为专业。谁先将需求做成专业的，把用户也做成专业的，就像普鲁士军队拥有总参谋部一样，就具有了极大的竞争优势，这对企业来说是非常现实的问题。

安筱鹏：面对消费者主权崛起，企业要从单轮驱动转为双轮驱动

目前，人们对数字化转型的关注重点通常在企业内部，围绕着企业自身资源的效率优化来做各种各样的决策。对消费端却没有一套方法论和技术手段，把消费者的需求精准地实时地感知出来，这就是单"轮驱动"的缺陷。消费者主权崛起，带来了三个重要的变化：一是企业经营从过去产品为中心到以消费者为中心，二是从产品功能导向向体验导向转变，三是从关注海量消费群体到关注个性化消费群体。面对消费者主权崛起，企业数字化转型要从"单轮驱动"走向"双轮驱动"。一个轮子是数字化企业：通过智能化、IoT 化、云化、移动化、中台化不断升级，构建一套全新的数字经济基础设施，以适应需求的快速变化。另一个轮子是数字化消费者：全方位、立体化感知消费者需求。消费者需求的实时触达、感知、分析、预判的数字化洞察能力，可以向企业营销、品牌、分销、新品、制造多个环节迁移，形成基于消费者洞察的数

数字基建
通向数字孪生世界的迁徙之路

字化营销、渠道管理、产品创新、智能制造、研发生产和物流配送体系。其背后的逻辑就是要形成多个数据闭环，提高决策精准性，提升企业资源配置效率。

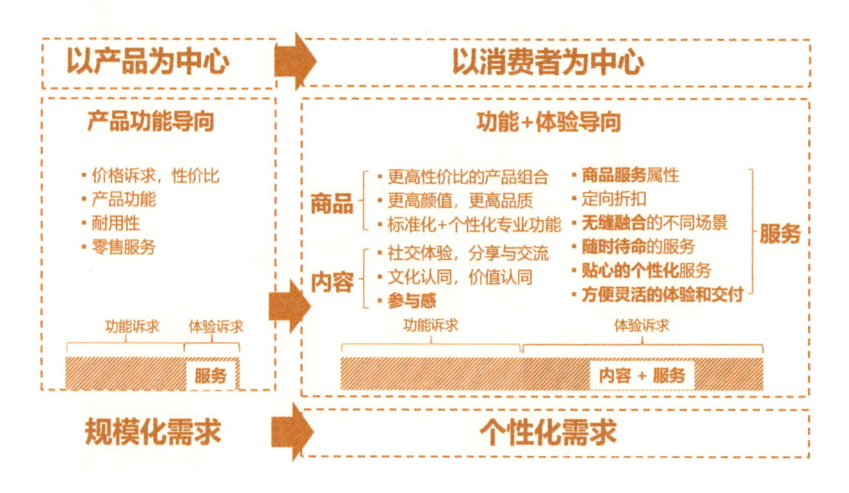

以产品为中心 → **以消费者为中心**

产品功能导向
- 价格诉求，性价比
- 产品功能
- 耐用性
- 零售服务

功能诉求 | 体验诉求
服务

功能+体验导向

商品：
- 更高性价比的产品组合
- 更高颜值，更高品质
- 标准化+个性化专业功能
- **商品服务**属性
- **定向**折扣
- **无缝融合**的不同场景
- **随时待命**的服务
- **贴心的个性化**服务
- **方便灵活的体验和交付**

内容：
- 社交体验，分享与交流
- 文化认同，价值认同
- 参与感

服务

功能诉求 | 体验诉求
内容 + 服务

规模化需求 → **个性化需求**

第 8 章
数字基础设施与消费主权崛起

02

组织的网络化与生态化

姜奇平：从企业演变为生态或网络

当农业社会向工业化迈进，基础设施和生产要素发生了根本变化，"地主不知道资本家是如何赚钱和思考问题的"。今天，工业时代的资本家也不能理解数字时代的"知本家"是怎么思考问题的。知本家是我20年前提出来的概念，指的是用知识要素来获得财富的人。在思考问题的方式上，知本家和用物质要素思考基础设施的人不同，就在于组织形式发生了变化。站在人类社会1万年的时间跨度上看，前5000年没有"单位"的概念，人类的常态就是在家劳作，也就是SOHO；后5000年也不会存在"单位"，也是SOHO。前后两个5000年中间交接的500年中，"单位"产生了。伴随基础设施和生产要素的变化，在21世纪前几十年，地球上70亿人正经历着人类社会上又一次组织的大规模的变迁。组织的形态正从企业演变为生态或网络组织。

数字基建
通向数字孪生世界的迁徙之路

梁春晓：互联网的出现，催生新的网络组织

随着互联网的出现，市场交易的成本急剧下降，那么组织会收缩还是扩展？如果单纯从市场交易成本出发，组织会不断收缩。但是互联网的出现，又促进企业组织管理成本降低，内部组织成本也在降低。于是，我们看到两个不同的趋势同时发生着：一方面企业在收缩、变小；另一方面企业又在扩大。企业组织的两个不同变化趋势同时发生，这就催生了网络化组织的诞生。网络化组织不是传统意义上的组织，可以认为它只是一个人，也可以认为整个网络都是它的企业，这就是我们现在的组织形态。大城市咖啡馆如雨后春笋般出现，很多年轻人聚在这里开会或者工作，这是一种"即时存在"的组织。组织形态的变化，不仅要关注企业转型，更要关注转型企业。企业转型，企业还是企业，而转型企业则是转为新的物种。网络组织完全是一个新的物种。

姜奇平：网络组织以使用权为效率边界

网络组织的特征，就是跨越了企业边界，其实质是产权的效率边界

第 8 章
数字基础设施与消费主权崛起

不一样了。过去的组织是以所有权为效率边界的，只要超出边界，就是无效率现象，但是现在网络组织的本质是以使用权为效率边界的，也就是同一个使用权的主体走到一起。过去是在同一个老板下谈效率，现在是同一使用权的一群老板谈效率。网络组织这个以使用权为效率边界的变化，是当今时代最深刻的变化，虚拟企业、平台、App 生态，全都符合这个特征。在这个背景下，我们才能看从新基建到生产要素的整个格局的变化。现在强调的是跨企业合作，那就是企业和企业之间有共同利益，是命运共同体。这种实战的结果就是资源利用率大大提高了。

03
如何解读"上云用数赋智"行动计划

姜奇平：利用数据流，建立数字化产业链体系

"上云用数赋智"实施方案有两个突出亮点，一个是基础设施，一个是要素。行动计划还提出了"数据供应链"，以数据流引领物资流、人才流、技术流、资金流，形成产业链上下游和跨行业融合的数字化生态体系。新基建中，为什么要加入人工智能、工业互联网这些在我们过去看来不是基础设施的东西？如果从产业链角度看，我们的产业链能否依赖于在一种由 0 和 1 构成的数字基础设施上，最终把整个产业链的各种资源整合起来？中国有没有可能在现有的实体产业链上搭一个虚拟产业链？这些问题值得深入探讨。

第 8 章
数字基础设施与消费主权崛起

梁春晓：全球产业链重构离不开数字基础设施

数字基础设施另外一种新的功能就是可贸易性。国际贸易过去大多是货物贸易，或者有形商品的贸易；后来随着人的流动、互联网的出现，服务也是可以国际贸易的。现在随着互联网的发展、数字基础设施的产生，我们发现基础设施也是可以进行国际贸易的，阿里巴巴的淘宝、天猫这样的基础设施能够提供全球的服务，这在工业"铁公基"时代是无法想象的。我们有了这种优势，再与知识积累、知识叠加、知识外部性实现叠加，就形成了一个全新的产业网络。现在，产业链的转移已经不可能像以前那样通过搬几个工厂就能改变了。

姜奇平：通用目的技术转化成了通用性资产

"上云用数赋智"实施方案的另一个亮点是要素。通用性资产的概念，第一次把过去通用目的技术转化成资产，数据要素这种革命性的思路转变，是数字经济的一个巨大的认知飞跃。把通用目的技术转化成通

数字基建
通向数字孪生世界的迁徙之路

用性资产的意义，在于对经济本身的转型和改造。对于企业家来说，通过平台一次性固定资产投资，中小企业多次复用，这在人类历史上从来没有过。这场革命的精彩之处是资本的革命，资本可以复用，资本可以大幅度增值，这个增值不是在于价值形态，而是在于使用价值形态。这是数字时代的关键。数据作为生产资料，是企业家的巨大机遇。企业家对于资产的观念必须要转变，对于资产的理解程度将决定企业资产的多少。

扫码观看本期视频

刘 松
原阿里巴巴集团副总裁

贾 伟
洛可可创新设计集团董事长、
洛客设计平台创始人

安筱鹏
阿里研究院副院长

第 9 章

通往客户运营商（C2B）之路

01

消费者主权时代已来

贾伟：消费者主权崛起，实质是消费者想象力崛起

工业时代主导权掌握在供给侧，工厂主、工程师、工人掌握着生产资料和生产力，拥有知识。今天，知识不再被某个人或者某个群体独立拥有，知识被数据扁平化，变成知识流，变成一个世界级的知识库。今天，主导权到底是在供给侧还是在需求侧？到底是在企业主手里还是在消费者手里？实际上，谁有主导权，取决于谁更有想象力。消费者主权崛起，其实是消费者想象力崛起。今天的企业已经很难比消费者更能想象出消费者要什么。消费者被技术赋能后，越来越知道自己要什么，自信程度越来越高。消费者已经不是简单地要物质，而是更加注重精神层面的需求。吃、穿、住、行的物质需求还比较简单，一到精神层面，包括艺术、文化的需求，以及马斯洛理论最顶层自我实现的需求，就千人千面了。今天互联网技术的赋能，让新一代的消费者能从各种知识平

第 9 章
通往客户运营商（C2B）之路

台获取产品信息，从而达到产品信息的立体构建，消费者的想象力大幅提高。消费者的主权提高，就是消费者的想象力提高、创造力提高，消费者自己能创造自己喜欢的且和自己身边一样的人喜欢的东西。所以说，数字经济时代最稀缺的资源就是想象力、创造力。

刘松：中国富有想象力的年轻一代将引领全球第二次消费革命

如果说 20 世纪五六十年代的美国婴儿潮一代引领了人类社会的第一次消费革命，那么未来 10 年，借助巨大的数字化、智能化的技术背景，在中国人均 GDP 从 1 万美元向上延伸的时代，未经历物质匮乏压迫的中国"90 后、00 后、10 后"人群，具有巨大创造力和想象力，加上我国强大的制造业能力，很可能引领人类的第二次消费革命。事实上，消费者主权在互联网门户时代已经开始崛起，美国 2010 年前后已经很明显了。今天，随着智能手机的快速普及，消费者主权已经转移到消费者这里。理查·道金斯 1976 年在其著作《自私的基因》里，首次提出了文化传递单位模因（meme），其将文化传承的过程，以生物学中的演化规则来作类比。人的文化行为与生物学中的生存和传宗接代一样，都是被基因控制和驱动的。模因就是文化基因，主要特点就是通过模仿得到传播，具体表现为曲调旋律、想法思潮、时髦用语、时尚服饰、器具制造等流行文化。模因被发明快 40 年的时间里，一直是冷门状，是互联网把它放大了。今天不管是新闻、知识、笑话、视频、短视频还是其他信息，本质上我们消费的是它们的文化因子。工业时代经过 20 世纪的高速发展进入强供给的时代，下一个消费浪潮，是怎么赋予产品更大的文化意义，使其转变为精神产品。这时候想象力就起到了本质作用。现在消费者买东西，实际上是文化符号跟消费者性格的匹配度大于商品的功能性选择。消费者主权崛起，是从物质的功能性满足进入精神文化的符号的定义，互联网、数字化成为传递文化符号的基本载体。

安筱鹏：如何响应消费者主权崛起，成为企业的核心竞争力

互联网移动智能终端的出现，使得碎片化的需求能够被充分表达并传递，传递后可以去汇聚，过去某个单一表达的力量还是有限的，当汇聚成一股洪流的时候，消费者的这种表达力、影响力就在不断地崛起。未来 5~10 年，企业数字化转型面对的关键变化就是外部环境的变化，最大的变化就是供需的结构发生根本的变化。企业有没有能力从大规模的产品生产转为满足消费者碎片化物品的需求？供给能力对企业的竞争力来说，到了一个新的阶段。过去竞争的是成本、质量、效率，现在，工业化生产的这些问题已经被几代人的知识、经验、方法解决了，但是对于个性化的需求、情感的满足，有什么方法使其成为企业核心竞争的重要组成部分？这些问题值得我们深入思考。

第 9 章
通往客户运营商（C2B）之路

02

智能的叠加，让产品更懂我

贾伟：智能让万物有灵、独一无二

　　模因，用我们的话说就是万物有灵。人类创造了工业世界中的万物，但是工业产品是无灵的、傻傻的，无法与人交互。但是智能时代，人类有能力像上帝创造人类一样去创造有灵的智能产品。我们的想象力让我们能够赋予我们所创造的东西像人类一样思考，也可以像人类一样富有想象力，并与我们交互。2019 年，洛可可 30% 的产品都是智能化的，2020 年是 40%。我们有一个逻辑，举例来说，客户需要做床，如果只是为了睡觉的功能性的床，那就别做了。这个床一定要有数据和智能，除了要有睡觉功能，还要有娱乐功能，还要有智能的睡眠系统的大健康功能，最后还要有驱动整个屋子所有设备的主体驱动功能。工业时代，人们为解决功能性问题而制造产品。现在工业化的功能性产品已经非常多了,我们要做就做有灵的产品。产品和我们每个人一样,都是唯一的、独一无二的。我们现在要解决的问题就是智能如何叠加在产品上,让产品有灵,万物有灵。

刘松:智能叠加,让产品更懂我

智能叠加是发展的一大趋势。智能叠加,就是产品的智能化和服务的智能化。中国可能引领的这一波消费革命里,智能的叠加是一个非常重要的因素,万物有灵的设计理念,是为了更好地满足产品功能性需求。比如,新一代的智能床垫用软件来定义,消费者躺上去两分钟,就可以按照消费者的体重重新配重,在此之前如果床有这样的功能,成本要贵好几倍,因为需要模块化更换,而现在可以用软件和 App 帮助定义。躺在这样的床垫上对人的意义是什么?比如,对于孕妇就是最典型的功能性需求,因为孕妇体重每周都变化,她可以每几天用 App 刷一遍体重的配重,床垫就能有一个最舒服的承重状态,整个孕期都会睡得很舒服。万物有灵,本身就是要解决最基本的功能性需求,智能产品之所以智能,是因为它更懂我。借助智能叠加和 App 定义,家居产品的成本可能比原来走炫耀性奢侈品路线的家居产品的成本降低了 80%~90%,但是产品达到了更舒服、更了解你的程度,这就是智能产品。智能叠加在满足功能需求的同时大幅降低了成本,也使它具有了很大的

第 9 章
通往客户运营商（C2B）之路

普惠性。智能叠加的大前提是新一代的人工智能跟几十年前的专家系统有很大的区别，现在的算法是基于互联网沉淀的大数据和云计算。智能叠加背后的逻辑其实是网络的连通和数据驱动，让智能产品能够更懂你。未来肯定是人机混合的。"00 后"、"10 后"是被技术塑造的一代，"00 后"认为所有屏幕都应该是可以触摸的，"10 后"认为所有东西都应该能和我语音交谈，所以产品的设计要不断满足一代人的需求。

安筱鹏：世间万物可以分为物联网的原住民、移民和边民

万物有灵，产品智能化是一个不断演进的过程，世界上的所有产品都可以分为物联网的原住民、移民或边民。物联网原住民：产品设计开发出来的时候，不仅有动力部件、执行部件，还有通信部件、智能部件（处理器+操作系统），如计算机、智能手机；物联网的移民：汽车、电视、冰箱，传统产品不断加载感与知、互动、智能模块，成为一个网络终端；物联网的边民：世界上更多的产品还游离在物联网之外，没有灵魂。我们可以想象：世界上的所有产品终将成为一个网络终端，不断地加载传感器、通信模块、**智能模块，人与物将在数据构筑的智能环境中交互，可以实现人与物之间"心有灵犀一点通"**。过去的几十年，集成电路的发展，使得产品的智能部件 CPU 的成本大幅降低，随时可以放在任何地方，无处不在，人类社会由此终将从万物互连走向万物智能。

数字基建
通向数字孪生世界的迁徙之路

刘松：智能时代没有孤独的产品，智能叠加与智能商业体系彼此共存

在智能时代，产品在智能环境里使用才能发挥其智能的功能。智能产品和智能的商业体系彼此共存、相互匹配。比如说智能汽车必须是车路协同，它们之间的数据是网络数据连接，而不是点对点的连接。这是智能时代产品不再独立存在的一个非常核心的要素。智能时代没有孤独的产品，产品和产品必须能连接。自动驾驶这种能力仅仅放在一辆车上是承受不了的，要把整个网络像城市大脑一样连接起来，再赋予每个个体，这也是一个智能下沉的问题。未来10～15年，汽车行业面临巨变，科技将颠覆过去100多年来的人类出行方式。汽车行业向"电动化、智能化、网联化、共享化"演进。更好的识别技术、更好的电池产能、更好的网联技术、更好的充电基础设施，这些更好的技术正在重塑汽车行业。未来10～15年，人类也将迎来一次大变化，智能汽车作为智能技术集成产品，也将是智能产品里销量最大的，它承载着人类对未来全新的世界的构建，它不仅是汽车的概念，更是出行社会或智能社会的概念，它是人类生活方式的巨大改变。

第 9 章
通往客户运营商（C2B）之路

03
软硬件解耦分离，消费者参与产品创造和定义

安筱鹏：智能产品的功能很大程度上
取决于消费者下载的最新软件版本

　　智能产品设计背后的理念在于，所有的产品都要更好地服务消费者、贴近消费者，能够不断地满足消费者更加碎片化、个性化的需求。不同于工业时代产品结构和功能在出厂时基本上被锁定，智能时代产品的功能是不断发生变化的。智能产品通过控制系统中的软件和硬件的解耦，把个性化服务的功能分离出来，通过软件满足个性化需求。智能产品的功能取决于消费者下载的最新软件版本。未来几乎所有产品的设计都会沿着这样的逻辑发展，也就是未来所有的企业为了应对消费者个性化的需要，产品结构在设计时会不断地解耦，硬件变得越来越

通用化，成本越来越低；服务变得越来越可编程，应对各种不确定性。实际上，从大型服务器到计算机、个人计算机，再到手机、数控机床，智能产品演变的技术逻辑就是硬件的通用化和服务的可编程，这个技术演变逻辑的本质，是要把制造的规模经济发挥到极致，同时又要满足消费者的个性化需求。硬件遵循的是规模经济，软件和服务遵循的是范围经济。这样的消费场景、消费诉求，给供给端的企业提出了一个重大的命题：产品全生命周期中，企业如何与消费者共创？

贾伟：消费者与数据和算法共创新品的时代已经到来

消费者在使用智能产品的过程中，是与数据和算法一起创造产品的过程。以前与汽车相关的发明专利往往是发动机这样的硬件，现在我们的发明专利很多是消费者参与定义的算法专利。举个例子，人在车上抽烟时要把车窗打开，我们基于抽烟者前两次在车上抽烟时的车窗打开幅度的数据，设计出一种功能，来满足消费者个性化的习惯，当他第三次拿出烟时，车窗会自动打开到他喜欢的幅度，这就是消费者参与了车窗打开功能的算法创造过程。

未来，企业需要做好产品的底层设计和平台搭建，赋予消费者更多的创造空间，让消费者自定义产品，从而增强消费者的归属感，逐步接近自我实现。未来产品的硬件是开放式接口模式，设置好所有的接口，

第 9 章
通往客户运营商（C2B）之路

展现出来的就是千人千面，今天新的技术一定要包容工业时代的标准化技术，让消费者不用关心底层的技术细节。

刘松：产品共创，软件让消费者自定义

现在的消费者为什么可以参与产品的创造？就是因为现在的工业水平可以做到软件和硬件解耦，硬件标准化加上软件定义，消费者就可以通过软件自定义产品。就像智能手机一样，涉及模具生产工艺、规模经济的硬件尽可能标准化，而软件让消费者来定义，这样每个人智能手机上的 App 都不一样。软件定义是一大趋势，有助于平衡个性化需求和批量化生产。特斯拉汽车在很大程度上是用软件来控制的，包含电池组之间的算法，跟机房里面控制计算机之间的算力类似，就是用软件来定义。Configuration To Order，就是说通过配置来解决产品的不同点和差异化，通过更好的生产组合来生产个性化的产品。通过开放的接口，能够在各种产品上做出各种各样的创新，每个人使用的每样东西都是不一样的，实现"千人千面"。放眼未来，新一代的制造技术，尤其像 3D 打印这样的技术出现以后，硬件也可以按照自己的格式去定义。如果硬件能够像软件一样可配置的话，就又是一次革命了。那时候，每个人买的每个产品都将是真正独一无二的。这个时代还需要等待。

数字基建
通向数字孪生世界的迁徙之路

贾伟：供需合一，产生新的创造力

　　工业时代是以供给侧为核心的，提高的是供给侧的效率，今天互联网的发展大大激发了需求侧，供需的逻辑已经发生了变化，供给和需求从二元世界的两侧变为一体，供即是需，需即是供。当供给侧成熟、需求侧也成熟的时候，供给就是需求，需求就是供给，两侧合一就会产生新的创造力。今天要解决的问题，是如何实现供给和需求的合一。消费者不断地为更好的产品贡献想象力，牵引着供给侧的生产。如果总是用过去二元的思维，这边是供给侧，那边是消费侧，就永远想不到消费侧是怎么生产创造的，也想不到供给侧怎么就变成了需求方。你永远站在对面看对面，永远不知道这个新的价值是怎么创造出来的。所以，今天所有的企业家要思考的是供给和需求两侧合一是怎么实现的，怎么让供需更加贴近，最终达到"心意相通"，合二为一。

扫码观看本期视频

刘 松
原阿里巴巴集团副总裁

贾 伟
洛可可创新设计集团董事长、
洛客设计平台创始人

安筱鹏
阿里研究院副院长

第10章

中国企业的 C2B 之路

10

数字基建
通向数字孪生世界的迁徙之路

消费者主权的崛起,给企业带来了数字化转型的挑战。中国数字化能力领先的消费端牵引着供给端的发展,逐步探索出一条中国特有的数字化转型之路,掀起了数字经济新篇章。

第 10 章
中国企业的 C2B 之路

01
用平台思维响应消费者粉尘化的需求

贾伟：需求粉尘化，用户成为创造者、决策者

今天，需求已经不是碎片化了，而是粉尘化了。碎片化是看得见的需求掉在地上变成碎片，粉尘化是看不见的需求变得颗粒化。2018年，中国每 0.02 秒就有一个创新产品诞生。过去企业做产品设计，基本一个产品就是一个 SKU，研发周期长，投入产出大。这两年大公司的产品设计动辄就是 1000 多款，像故宫 3 个月内完成 800 款新产品。这不是供给侧变了，而是需求侧变了。今天的供给端是看不到消费者真正需求的，尤其是模因驱动的精神需求，每个人对美的需求、对文化的需求，以及个性化的需求各不相同。这与工业时代假设企业天然应该知道消费需求截然不同。需求粉尘化后，不仅看不见，而且数量太多，无处不在，如何去满足这些看不见的颗粒化的需求，成了企业的时代命题。消

费者主权崛起使得用户成为创造者、决策者，具体体现在：第一，用户决定视角，我的需求是什么；第二，用户决定场景，我怎么用这个产品；第三，用户参与共创，我要创造产品；第四，用户在整个服务节点里提出，我需要你的服务；第五，用户体验决定产品成败。

安筱鹏：企业的挑战：如何响应需求的变化

需求的变化往往是企业决策的逻辑起点，包括设计、采购、仓储布局、销售等。当企业不能精准判断需求变化时，所有的决策就可能面临重大的失误风险。今天需求变得碎片化、粉尘化，以服装行业为例，订单小批量、快交付时代已经来临。中国是全球的服装大国，我们看一组行业数据：服装平均订单件数持续降低，单件外贸订单 2015 年是 4700 件，2017 降到了 2950 件；线下的单件批量 2015 年是 2100 件，2017 年降到 1550 件；而线上批量从 2015 年的 700 件降到了 2017 年的 380 件，这个降速还在加剧。与此同时，订单的交付周期变得越来越快，15 天的交付周期所占的比重从 2015 年的 3%提高到 2017 年的 15%。这个现象的背后是企业如何去响应消费者需求的变化，这是企业数字化转型面临的一个极大挑战。

第 10 章
中国企业的 C2B 之路

平均订单件数持续降低

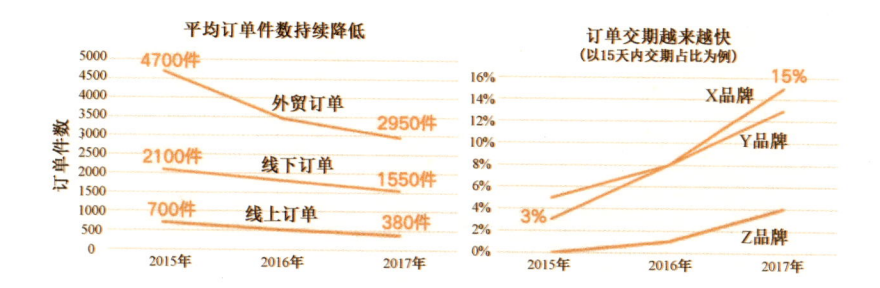

外贸订单：4700件（2015年）→ 2950件（2017年）
线下订单：2100件（2015年）→ 1550件（2017年）
线上订单：700件（2015年）→ 380件（2017年）

订单交期越来越快（以15天内交期占比为例）

X品牌：→ 15%（2017年）
Y品牌：3%（2015年）→
Z品牌：→

刘松：企业要有平台思维，把主导权放给用户

　　需求的粉尘化跟互联网可触达每个消费者有关，跟每个人有智能手机有关。过去 20 多年来，互联网世界正在变成一个精神世界、主观世界、模因世界，反过来，它对物质产品又产生了巨大的需求，每个人内心深处独特的精神感受使其所需要的产品具有个性化特征。这也是现在 SKU 越来越多的原因。粉尘化的需求，不是单一供给侧能解决的，供给侧再怎么生产，也想象不到粉尘化的需求到底是什么样。过去大厂因为供应链在手而有定义能力，现在大厂要考虑的关键问题则是，如何从上帝的视角搭建一个平台，让用户成为上帝，让消费者成为创造者、定义者，如何把用户的创造力和消费力连接起来。企业依旧有供应链能力，有各种 SKU 的生产能力，但是把主导权放出去，这样反而得到的

有可能更多。总体来说，厂商要有平台思维。消费者粉尘级的需求，可能是未来的一个大趋势，是巨大的消费市场，也是巨大的供给。

安筱鹏：未来企业的自我定位——客户运营商（C2B）

未来 5~15 年，所有企业都将重新定义自己，"我是谁""我如何给客户创造价值"。一个关于未来的判断是，只有客户运营商才能够生存。客户运营商的一个特点是，交付产品只是服务的开始，持续交互才是服务的常态。过去 10~20 年，制造业的话语体系中有个话题叫"服务型制造"或者"制造的服务化"。制造企业不仅给用户提供飞机、汽车、工程机械这样的产品，基于这些产品还提供产品相关的全生命周期的服务。在软件行业，传统软件企业跟 SaaS 化后的软件企业的最大区别在于，SaaS 化之后，软件产品跟客户之间能实时交互。此外，过去企业向消费者交付产品后，交易就完成了。今天产品交付客户之后，只是建立关系的开始，在整个产品全生命周期过程中，企业都要参与去维护、管理、服务。过去是以消费者为核心，今天则要把消费者拉入生产者的场景中，这样，消费者的感知和需求才能表达出来，生产者才能够去精准地满足消费者的需求。

第 10 章
中国企业的 C2B 之路

刘松：工业互联网，与用户全链路连接

在消费互联网的环境下，用户通过智能手机下载 App 来解决消费问题，工业的问题也可以用工业互联网的大逻辑来解决，就是把消费互联网的 App Store 挪到工业场景里。但工业互联网有它的难度，因为工厂要把自动化设备通过 IoT 连起来，需要智能下沉、感知下沉、数据上传，然后才可以构建一个工业级的 App Store，才能解决工业中的问题，比如共享问题、产品功能可视化问题等。不管是服务型制造业，还是制造业转型成服务型企业，本质上都是开始具备工业互联网的思维，把连接、黏性、持续不断的数据供给作为企业生存的基本能力要素，而不只是制造和搬运大型物理的功能性产品。仅仅把工业能力可视化变成一种服务，已经是这一段时间工业互联网领域最常见的应用模式。工业互

数字基建
通向数字孪生世界的迁徙之路

联网的独角兽 Uptake，就专门为制造企业卡特米勒做这种服务。所以，大型制造企业把工业互联网模式变得网络化，本质上是拿网络作为基本的载体、用数据作为血液，构建新的商业模式。工业互联网，就是用数据定义一个新的价值网络，与用户形成一个全链路的链接。

第 10 章
中国企业的 C2B 之路

02

C2B 共创模式响应用户粉尘级需求

贾伟：消费者成为主导者

当消费者成为主导者，供给侧所有人员都会变成赋能消费者的角色。消费者主权时代有这样一个确权逻辑：消费者提出痛点解决方案，剩下的设计、技术、生产、营销可以以确权的形式确定投入产出比；消费者应该是最大受益者，因为他既是需求者又是创造者。大家在类区块链的逻辑里产生了一个"创造共同体"，平台方提供一个技术平台，用数字技术支撑对产品的生命周期管理，就像建筑 BIM 系统一样能够数字化、可视化。这个平台的所有参与者都是一个个角色，而主角是消费者，平台的角色则是创造共同利益者。在这个逻辑里，版权是一项重要的权利。工业时代，版权 100% 属于供给端的企业，很少属于消费者，但是未来如果消费者参与创造，或者和平台一起创造，就能拥有版权。

版权要有共享逻辑,要有区块链的确权逻辑。只有这样的共创,才能响应消费者粉尘级的需求。

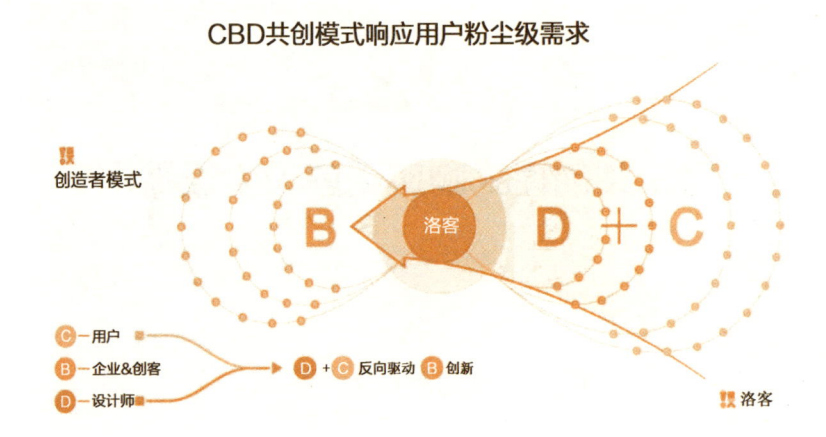

CBD共创模式响应用户粉尘级需求

创造者模式

B　洛客　D + C

C — 用户
B — 企业&创客
D — 设计师

D + C 反向驱动　B 创新

洛客

刘松:基于知识产权创造的互联网新生态

今天的平台更多的是通过信息和数据的打通把需求的长尾和供给的长尾,进行撮合联动,然后形成规模经济。互联网经过第一代信息的互联网、第二代交易的互联网,到了现在的第三代创造的互联网或能力的互联网,这时候知识产权的问题就凸显了。中国的工业一直面临一个巨大的问题,就是关于知识产权的创造问题,知识产权的创造又隐含着知识产权保护的问题。IT 行业有些专家认为,区块链技术除了在金融

第 10 章
中国企业的 C2B 之路

数字货币的领域有重大意义，可能还会形成知识产权的共享经济，区块链是保证知识产权创造的最重要的技术之一。例如，消费者原来在淘宝写评论，认为这个产品应该这么改，但淹没在大量信息中，只能给别人做参考；豆瓣的头条位置的评论者，他的分享只是被更多人看到了，而他没有收益。而区块链技术的确权下，如果消费者对某一产品提出的某种明确的想法或方案被认同，且被确权，基于他提出的方案而改进的产品，他都能得到利益分成。这样，借助类似区块链的机制就能够形成一个知识创造的互联网，这可能真正地带来知识创造，这是中国最需要的原创能力。确权让创造者受到鼓励，创造力就会不断形成一种正向的反馈，最终形成基于知识产权的新的生态体系。

刘松：能力的互联网更多的是设计能力、想象力

以微笑曲线为例，左侧主要是设计研发环节，右侧主要是营销环节，中间是制造环节。工业互联网这几年的发展，是从右侧一步一步地向左侧演进的，是把 C 端的想法传递到产品研发端，做到精准推荐，实现人—货—场的重构。微笑曲线左侧的上游是中国制造业最需要突破的，包括像制药、材料的合成等强知识产权的硬科技，以及跟 IP 有关的设计，现在都要借助 AI 的力量。例如，疫苗的快速研发和"双十一"批量海报的生成。所以整个工业互联网的转型发展，先从消费者的

数字基建
通向数字孪生世界的迁徙之路

意见投票、重构人—货—场、智能的门店开始，延伸到生产侧工业智能的运用，包括下沉网络的形成。但是中国的工业互联网必须回答一个命题：你是如何创造出新产品的？过去微笑曲线中很难体现出需求侧的消费者的声音，虽然过去也讲以用户为核心，但从某种角度来说，消费者是被置于这个体系之外的，今天数字基础设施使消费者主权崛起，供给和消费合一后，消费者成为产品全生命周期的每个链条上的参与主体。能力的互联网，更多的是设计能力、想象力。

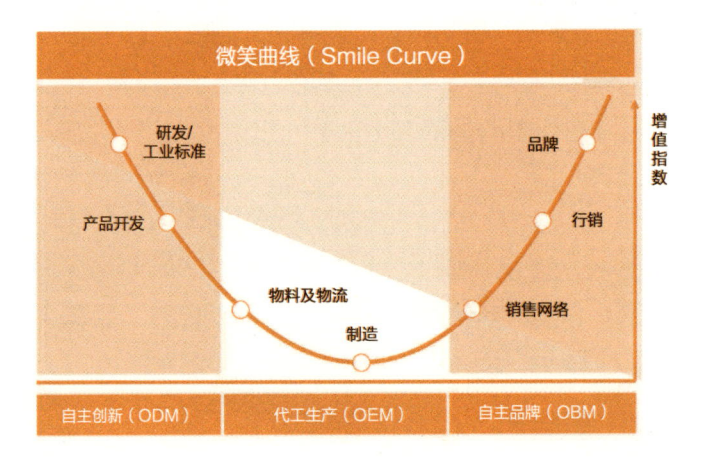

微笑曲线（Smile Curve）

增值指数

研发/工业标准
产品开发
物料及物流
制造
品牌
行销
销售网络

自主创新（ODM） | 代工生产（OEM） | 自主品牌（OBM）

刘松：未来的赢家，是把消费者当成创造力的企业

未来的赢家，是能把消费者当成创造力的企业。今天中国的消费者

第 10 章
中国企业的 C2B 之路

里最具购买力的是 90 后、00 后，与包括设计者和决策者在内的供给方年龄相差 20 岁，这是一个不容忽视的代际差异，这个代际差异也是供需最大的不平衡。这是我们与发达国家不一样的地方。今天，中国新一代消费者断裂式的创新更多，他们生而不同，粉尘化的需求与生俱来。互联网崛起的重要因素，一是积极的文化断裂，熊彼得式的创造性毁灭，是年轻人的文化。二是互联网很大程度上是被一群互联网"移民"从创造到需求两方面推动的，他们不仅创造了生活方式，还满足了这种生活方式。中国有可能引领的第二次消费革命，需要年轻一代去创新、去定义。企业如何解决这一供需的不平衡？如何应对与消费者之间的代际差异？唯一的办法就是你不要去定义，退到幕后，把平台上 90 后、00 后的创造力发掘出来。所以，我们在考虑整个宏观制造业模式、工业互联网模式、网络化、个性化及微笑曲线时，中国特有的代际创造能力也要考虑。新基建、工业互联网，最重要的一个价值就是如何激发人的创造力，如何激发产业链上的每个人的积极性、主动性和创造性。

03

中国特有的 C2B 数字化转型之路

安筱鹏：企业数字化转型的平台化路径

今天企业家们都关心数字化转型。我们过去搞了20年的所谓数字化转型，是单轮驱动的，就是微笑曲线的研发、狭义的设计、制造、供应链。过去讲的数字化、两化融合、智能制造，都是在这个封闭体系里考虑的，我们把ERP、客户关系管理、技术改造、设备各种系统安装起来，但是消费者并没有在这个封闭体系里。所以，数字化转型需要另外一个轮子，就是对消费者需求的实时感知、洞察、分析，然后把对消费者实时的感知、洞察、分析跟原有的这个轮子匹配起来，双轮融为一体，驱动企业数字化转型。面对消费者主权的崛起，如何去满足消费者粉尘级的需求？今天作为供给端的企业有两条路径可选择：一个路径是通

第 10 章
中国企业的 C2B 之路

过柔性供应链,在企业内部解决个性化生产;另一个路径就是平台化的思路,通过平台化的方式,把长尾的需求跟长尾的供给能力打通,用社会化资源去匹配。这也是中国在新一轮企业数字化转型中探索的一条道路。

贾伟:用数字赋能社会化资源,数字化是企业平台化转型的必选项

以前企业的设计中心、研发中心都要自己养,洛可可和钉钉合作了一个"企业设计中心",是社会化的数据中心。这个中心把企业设计能涉及的所有的东西模组化,变成产品逻辑,不养专门的设计师,社会化资源可以随需随聘,同时鼓励社会化的人进入这个中心,成为一个自组织。这是社会化资源能动性的崛起。未来真正的赢家是能用数字能力赋能社会化资源的。利他、赋能是平台的要素。这次疫情中有一些企业也在平台化转型。例如,通过集成特定女装所有相关的应用来构建一个平台,把那些二三百人的小厂拉过来,这边凭借平台品牌拿到订单,那边就交给平台上的企业,形成平台的闭环。当企业有这样的数字化能力时,一方面,它区别于那些没有数字化能力的企业,新冠肺炎疫情期间更灵活,也能更多地拿到订单;另一方面,企业开始有了外部的资源,

又能够赋能别人。平台化企业是双向赋能，既赋能给需求方，也赋能给供给方。现在每个企业都要考虑自己如何向平台化转型，数字化是企业向平台化转型的一个必选项。

安筱鹏：中小企业数字化转型的价值

中小企业知道要转型，但却不知道从哪里下手，对于数据、技术如何创造价值，没有亲身的体会。这次疫情也是对企业家数字化的再启蒙、再教育。中国发达的消费互联网一端，消费者衣食住行的每个环节都在不断被高度数字化。另一端中国量大面广的中小企业数字化水平还是比较低。这是中国在数字化转型过程中的挑战，也是机遇。今天当两端要去打通，供需匹配、供需一起的时候，给中国的中小企业带来了哪些新的价值和意义呢？第一，增强定义问题的能力。问题就是方向，当两端打通，会发现很多中小企业的研发、生产、供应链的各种能力跟需求是不匹配的。暴露问题的过程就是找到数字化转型方向的过程。第二，增强数据思维能力。对数据创造价值的认知，在消费端是容易被理解的，但是在供给端还是一个概念。当中小企业跟消费端的平台对接完之后，就可以进一步认识到数据本身的价值，发现数据如何创造价值，这样的数据思维的建立能有效解决决策问题。第三，增强客户洞察能

第 10 章
中国企业的 C2B 之路

力。第四，提升企业组织变革能力。中小企业面对需求的快速变化，会发现原有的组织不灵了，需要在组织上做出调整和反应，牵引 B 端数字化不断向前。

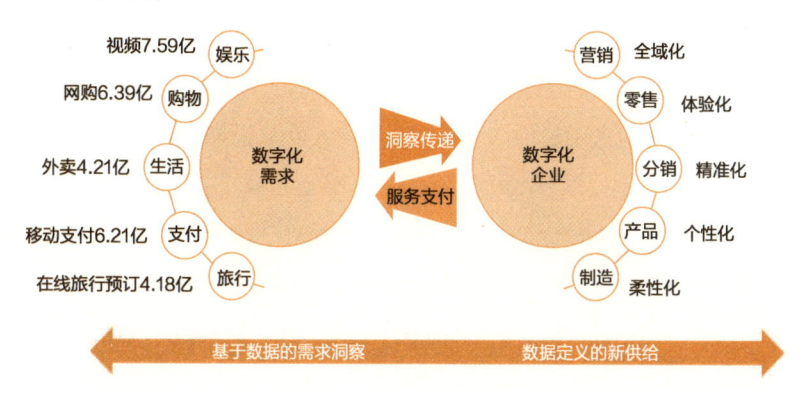

数字化需求（视频7.59亿 娱乐、网购6.39亿 购物、外卖4.21亿 生活、移动支付6.21亿 支付、在线旅行预订4.18亿 旅行）——洞察传递/服务支付——数字化企业（营销 全域化、零售 体验化、分销 精准化、产品 个性化、制造 柔性化）

基于数据的需求洞察　　数据定义的新供给

安筱鹏：场景数字化连接，构建供需一体化的场景

回到今天企业面临的数字化转型的挑战，智能制造、工业 4.0、两化深度融合，这套体系背后要解决什么问题？本质上要解决的问题就是把局部的碎片化的场景数字化，不断地去连接，形成一个整体。德国人用了一个比较抽象的词叫"集成"，就是数据的互联互通互操作，通过横向集成、纵向集成、端到端的集成，把供给端和需求端多个碎片化的场景不断连起来，真正地把内场跟外场打通，形成了一个有机的整

体。这个问题的另一面是，为什么今天会产生这样的问题？这是因为在过去的三四十年，提供解决方案的这些企业都是垂直的，思考解决专业问题的逻辑是从一个点到一条线，是为了满足当时的需求。今天这样的方案已经不能够真正解决现在的问题了，企业必须构建一个供需一体化的场景，构建一个体系，才能满足消费者需求。事实上，整个基础设施体系从传统切换到新的数字基础设施，才能从根本上解决这个问题。

刘松：供给侧数字化转型面临的挑战

即使今天有了新型基础设施的叠加，能把供给侧一个个价值孤岛连接起来，逐步地闭合出场景，但依旧面临挑战。首先，供给侧每个领域都有知识壁垒。其次，连接孤岛的激励不足。连接的孤岛越多，价值才能越大，且只有连接到消费者，价值闭环才能形成。这是做数字化转型的大难题。所有的数字化转型之下，不能简单地用 KPI 去衡量短期数字化转型的效果。数字化转型必须要做，但是操作不能急，不能短期就要出结果，但也不能不在乎结果。需要既有行业背景又有数字化背景的人来操作，国外做数字化转型有专门的首席创新官（Chief Innovation Officer，CIO），太早了不行，太独立了不行，跟母体之间太强相关、变成一个下属部门也不行。这次新冠肺炎疫情给很多行业上了一课，做

第 10 章
中国企业的 C2B 之路

了数字化的企业更禁得起冲击。一些企业的数字化转型过程，往往开始的一两年先从数字化营销开始，包括在线营销，比如直播，之后两三年转到供应链，再往下 5～10 年就是研发设计能力，一层一层转型。好多企业家应该已经相信，面对未来多变的不确定性，或者说在新冠肺炎疫情新常态下，数字化是企业的胜负手、生死牌。

安筱鹏：把握数字化转型机遇，赢得未来

企业常说，投入那么多，数字化效果并不明显，实际上如果企业投入是一条线的话，它的收益是跨越某一个拐点之后才会呈现指数化的增长的。企业家在做决策的时候，要评估投入产出，但是对于数字化创新的业务，它的投入产出是不好去评价的。很多企业家认为在数字化转型上做投入创新，收益是不确定的，可能成功，也可能失败。但是换个角度看，如果企业家不做这样的决策，它带来的风险是确定的，那就是失去了未来。面对时代的挑战，对企业家来说，不做决策、不投入、不行动，可能企业的风险更大。这次疫情之后，很多企业家开始重新思考数字化对企业的价值，已经有了积极的教育，或者说是积极的启蒙，甚至是一种震撼。大家已经感觉到了数字化转型的价值。数字基建设施，为中国企业在把握数字化机遇里创造了更好的发展条件。

数字基建
通向数字孪生世界的迁徙之路

04

中国特有的数字化转型之路

安筱鹏：拥抱内外场，以消费端数字化牵引供给端数字化

　　从国家层面看数字化转型的发展，德国是工业 4.0 之路、美国是工业互联网之路，中国也在走一条特色的数字化道路。在这一轮数字化转型中，中国的有利条件在于，消费互联网时代的数字化、智能化使得企业对消费者行为的洞察、感知能力不断提升，这种洞察实时传递到供给端，可以使企业数字化转型从过去的单轮驱动快速演变为双轮驱动。过去 10~20 年安装的各种各样的软件、装备、系统需要升级，这个升级包括智能设备的连接、从单机到生产线的数字化，以及数字基础设施的安装，包括云的安装、数据的下沉、物联网设备自动化联动，进而形成一套新的价值网络。原有的内场供给端在中台化、移动化、IoT 化、基础设施云化的同时，也在拥抱外场十几亿的消费者，实现对消费者可触

第 10 章
中国企业的 C2B 之路

达、可洞察、可分析、可服务。然后内外场的两个轮子配合转动起来，基于消费者洞察，企业就可以高效地推进数字化营销、用户运营、产品创新、供应链管理等。世界领先的消费互联网牵引供给端的数字化转型，是中国在数字化实践中走出来的一条特色道路。从全球看，中国这套体系已经走在时代的前列了，中国的数字基础设施对经济增长的作用也是显而易见的。早期互联网商业领域 Copy to China 是常态，现在是 Copy from China，也就是中国发展出来的模式在不断地向海外输出。现在我们的问题是，如何让数字化转型进程再加速。

（来源：阿里研究院，2019）

数字基建
通向数字孪生世界的迁徙之路

刘松：数字化转型有赖年轻一代的想象力

中国数字化转型发展有两个环境优势，即中国发达的消费互联网与全球最完整的制造产业链，这两个优势加上中国新一代年轻人的想象力、创造力和数字化能力，促使中国走出一条自己的数字化转型之路。年轻一代不仅是引领新消费革命背后的力量，也是影响中国这一轮数字化转型的发展前景的主要因素。改革开放 40 年是中国工业化的 40 年，现在的大工业化体系是改革开放后才形成的，这一体系形成过程中隐含了一种文化思维，就是对物与效率的崇拜。今天中国已经发展到了一个新的阶段，既要关注效率，也要彻底释放人的创造力，尤其是这一代年轻人的创造力。没有这一代年轻人的创造力，即使有中国这么好的产业环境，也会错过时代的发展。技术提供了无限的可能性，但最终还是要回到主体，回到这些有创造力的人，以及与其相关的软环境、组织形式。用好数字化技术的智慧比技术本身还重要。

贾伟：未来 10 年，供给侧新技术飞奔的 10 年

中国数字化转型发展的加速在于技术的驱动。过去 10 年，消费侧

第 10 章
中国企业的 C2B 之路

的新技术在飞奔，成熟度高，然而供给侧对技术的成熟度要求更高，像 DLT 技术、模组技术、区块链技术、基于芯片的各种技术都涉及巨大的成本，供给侧还涉及和垂直的知识模型去叠加的难题。当前的大环境会迫使中国供给侧技术的整体升级，国家对基础科学的研究也会加强，未来会有大量的智能产品出现，包括智能的联通。未来的 10 年将是新技术在供给侧端飞奔的 10 年。物理世界的各种难题，需要用这一波新技术去逐步破解。未来会实现真正的线上和线下的连接、物理世界和数字世界的连接。今天所有行业都会面临共同的问题：数字化和智能化。数字化是数字转型，智能化是怎么通过今天的智能技术去完美地把数字和智能连接到一起，这两化就跟之前的工业时代的蒸汽化和电气化是一个逻辑。

刘松：新一代数字化转型是思维变革

数字化是所有企业标准的必选项，用好智能化则是企业与企业之间的差异化。这二者是企业未来 10 年发展的两个关键议题，缺一不可。在中国的语境里，数字化经常会被简化为信息化的简单升级，所以我们一再强调新一代的数字化的全连接、全在线的模式是思维变革。在新一代数字化的基础上，我们再想怎么借助智能化在生产、设计、制造和最终与客户沟通的时候创造出不同的体验。智能化是体验的高手，数字化是解决不确定性或者效率的高手,这是两化之间的差距。有些行业可能仅仅把数据化做好就有巨大的价值,比如在数字政府的一些领域,仅仅把数据打通就有巨大的价值,但有些物理世界的行业,尤其在工厂,可能人工智能和自动化的叠加才更有意义。

安筱鹏:数字化终极版图,让所有产品拥有数字生命周期

　　从数字化终极版图来看,未来会重构一个可以跟物理世界实时联系和互动的数字孪生世界,物理世界所有的事情都在数字世界里构建一个数字映像。目前这些数字映像只是点状数字化,只是局部世界的映像。随着新技术不断出现,数字孪生世界会越来越丰富。物理式的运行体系,把物理对象的各类数据不断传递给数字式的运行体系去优化,再反馈回物理世界,从而构造一套虚拟世界跟实物世界互动的新机制,实现互联、互通、互操作。未来,当产品设计出来的时候,在虚拟的赛博空间就会有一个伴随着产品的全生命周期的虚拟映像,与物理世界的产品共同进化,不断积累相关知识,优化物理世界的产品。数字孪生让所有的产品有了数字生命周期,最终实现物理世界产品的改造。

第 10 章
中国企业的 C2B 之路

刘松：垂直领域的产业互联网公司，未来可期

今天，供给端的数字化转型的技术储备跟需求之间仍然存在鸿沟，供给侧的门槛要高得多，供给侧的难度系数比消费互联网要难上两三个数量级。事实上，现在的技术供给能力远远满足不了今天的需要。不仅中国这样，工业领域的那些提升效率的供给侧问题，即使对于 GE、西门子、ABB 来说，也依然是很大的难题。所以我们需要更长的时间、更多的耐心和更专业的垂直知识和新技术的叠加。放眼全球，供给侧的技术叠加、新一轮的信息智能技术，还有巨大的空间。可能现在全世界前 20 大互联网公司差不多解决了大多数关于生活的问题，未来可能有五六百个这样的企业，在每个垂直领域形成一个平台模式的、兼顾内外场的专业化的客户运营商和知识运营商。有两个关键参数：一个是网络效应的规模，一个是运用数据智能的深度，这两个参数定义了未来垂直领域的公司到底有多大。产业互联网会出现非常多的产业数字巨头，苹果公司早就从一个制造商变成了一个客户运营商。在任何一个垂直领域，还是需要有数字思维的企业家，继续以创新的模式而不是以效率的模式去发展。

05

洛客，企业智能化演变案例

贾伟：重构企业价值网络，从洛可可到洛客云智能

从 2014 年开始，我们尝试用互联网和平台的模式来改造洛可可，由此也开启了公司的数字化转型的探索。当洛可可靠专业素养做到全国第一时，我们就希望能像 Frog Design、IDEO 这样的全球顶级的设计公司一样做全球化设计，但是 2010 年出海英国并不顺利。我们开始思考怎么才能服务全球企业。从洛可可到洛客云智能转型重构，有几个核心节点。第一是坚定了数字化发展的决心。用数字化逻辑去连接全球资源，让全球设计师在洛客平台注册，服务全球企业。未来的全球化一定是用平台模式来做的，用数字去连接、赋能设计师。第二是坚定了智能化发展、普惠设计。我们发现很多粉尘级的小微客户的需求无人能满足，即使洛客做成平台，他们也买不起设计服务。金融能普惠，设计为什么不能普惠？如果用普惠设计的逻辑赋能夫妻老婆店、创业学子们，能不能用 3 秒时间花费 100 块钱做设计？我们决定用数据和智能普惠

第 10 章
中国企业的 C2B 之路

设计。这一转变还有一个原因，曾鸣教授说一浪传统公司会被干掉，二浪互联网公司不要得意，也会被干掉，数据智能公司最后会把互联网公司干掉。所以 2019 年我决定做个三浪的公司，用我们积累了 16 年的数据，加上智能算法，研发智能产品，使得智能被产品化、设计被产品化。智能有两条路，一条是赋能设计师，还有一条就是独立成为产品。这条路其实是设计普惠的路，人人都是设计师，让天下没有难做的设计，让每个个体能够享受到设计带来的价值。第三是重新定义组织。要用数字化把社会化资源拉进来，把智能产品看成组织的一部分。未来的组织一定是多边协同的、强大的组织，包括自养组织、社会化组织和智能组织。当面对一个不确定性的需求的时候，能够通过不同的组织方式、不同的团队去应对，找到一个最恰当的组织形态去应对变化。未来的组织一定是社会化的动态组织，动态组织的一个特点就是跨越了组织的边界，跨越了能力的边界，甚至跨越了人和机器的边界，这是三浪未来要达到的目的。

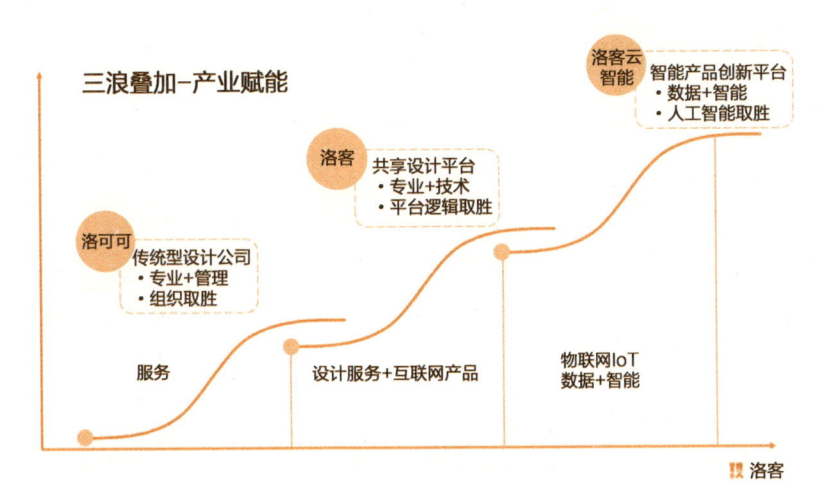

三浪叠加-产业赋能

- 洛可可：传统型设计公司 · 专业+管理 · 组织取胜 —— 服务
- 洛客：共享设计平台 · 专业+技术 · 平台逻辑取胜 —— 设计服务+互联网产品
- 洛客云智能：智能产品创新平台 · 数据+智能 · 人工智能取胜 —— 物联网IoT 数据+智能

06

构建数据驱动的新价值网络，重塑企业价值

贾伟：供需一体，量子级的复杂性创造响应粉尘化的需求

　　从大的结构逻辑说，工业时代之前，人类是自给自足的一元体系。到了工业时代，变成有供给侧和需求侧的二元体系，供给侧引领需求侧。今天人类社会到了数字智能时代，又变回一元体系，但二者不同之处在于创造的不同。农业时代的创造是简单的自给自足的创造，工业时代的牛顿体系的创造是原子逻辑的创造，而数字智能时代的创造变成了一种复杂性创造，是量子级的复杂性创造。

　　量子级的复杂性创造有两个关键变量，一是群体创造，通过连接社会化资源让散点创意变成"群智涌现"；二是智能自治，指的是不确定的行为加上确定性的原则，依靠智能自治去驱动群体创造。当进入复杂性创造时，如果你的组织不会用社会化资源，不会用数据和智能，不能连接供给侧和需求侧，那你就不是复杂性组织，就做不成复杂性创造；

第 10 章
中国企业的 C2B 之路

没有复杂性创造，你就无法满足消费者粉尘化的需求；无法满足消费者粉尘化的需求，你将是时代的弃婴。

刘松：企业数字化转型的关键词

整个数字化转型是构建一个数据驱动的新价值网络的过程。开放的平台、人机协同的组织，以及整个企业价值的重塑，是这个过程中非常重要的关键词。企业要放眼未来，以 2030 年的未来观看待自己所在行业里的数字化能力和智能化的能力，去思考如何构建一个新的价值体系，在转型的每步都可以按照平衡稳定性和创新性的优先级一步一步地走向未来。我们站在高度网络化的 2030 年，回头看今天的每个人，可以说我们每个人都有"自闭症"，这是从真正的高度网络化、社会化协同的角度说的。我们怎么能够克服"自私的基因"的束缚，知道我们是处在一个高度复杂的协作系统里的呢？每个个体，不管是一个人，还是一个组织、一个企业，必须把自身的边界打开，拥抱平台和新的基础设施的力量，才会有更多的想象力和创造力。

扫码观看本期视频　　扫码观看本期视频

徐 鹏
雅戈尔服装控股董事、
常务副总、
雅戈尔的联席CEO

丁 杰
贝恩公司资深全球合伙人

安筱鹏
阿里研究院副院长

第11章

再出发，后疫情时代数字化转型的下一站

01

数字化转型领先企业如何应对疫情

徐鹏：疫情下的雅戈尔受益于前期数字化布局

高速成长的雅戈尔集团是目前中国最大的时尚集团之一，2019 年，雅戈尔在 40 周年之际，集团的总资产和营收都突破了千亿元。雅戈尔新的战略目标是成为全球第四大时尚集团，比肩历峰 Richemont 集团、开云 Kering 集团和 LVMH 三大国际时尚巨头。

对企业数字化的未来，雅戈尔董事长李如成由原来蒙蒙胧胧看见，到清晰看到未来线上线下融合的路在哪里，从而坚定雅戈尔在数字化转型上的投入。2019 年，雅戈尔在数字化方面做了很多投入。疫情发生后，此前数字化的默默投入成为雅戈尔抵御疫情的"免疫力"，大大提升了企业的抗风险能力。

2020 年 1 月份某几天雅戈尔日销破亿，1 月底新冠肺炎疫情把销售额打到谷底，最低一天日销只有 26 万元。2 月 11 日，李如成董事长

第 11 章
再出发，后疫情时代数字化转型的下一站

发起全员营销号召，利用已有的数字化基础设施全部转战线上。一周左右的时间，雅戈尔日销恢复到以往春节期间的 1000 万元以上，大大增强了企业上下的信心。到 5 月，线下零售基本上恢复到 2019 年同期水平了。

雅戈尔零售经历了三个阶段：第一阶段以产品为中心，打造集种子培育、棉花种植、纺纱、织布成衣制造的全产业链；第二阶段以渠道为中心，做全自营渠道布局，全国 3122 家线下店铺，自营比例高达 98%；第三阶段以消费者为中心，做线上线下、公域私域的深度融合。

应对疫情，雅戈尔有两个重要动作：一是线上的全员营销，促使线上销售突飞猛进，每周一场直播，销售额节节攀升，私域小程序截至 2020 年 6 月销售额突破 3.7 亿元，2 月销售超 6500 万元，3 月份销售超 1.7 亿元，4 月份销售超 5000 万元；二是利用疫情做好线下扩张，调整渠道结构，把小亏店关掉，在核心商圈扩大商场面积。2020 年 1~6 月线下新增 1 万平方米营业面积。线上线下两部分加起来，让整体营收达到了 2019 年同期水平，从同店同比的角度来看，6 月已经达到了 89%。

总体来说，这次疫情加快了雅戈尔数字化进程的脚步。

丁杰：新冠肺炎疫情对不同行业的影响与数字化转型分析

成功的企业应对新冠肺炎疫情的主线是，以消费者为中心转变商

业模式，通过数字化为新的商业模式赋能。贝恩和阿里把不同行业受疫情影响和数字化转型情况做了四类分析。

第一类是在疫情中处于短期囤货的需求状态、受到非常大的短期供应冲击的行业，如个护、清洁品类。对这类企业，重要的是如何通过数字化来更快响应这种脉冲式的高峰冲击，以确保供应链的坚韧。

第二类是原来增长就比较快的行业，疫情加速了行业的数字化进程，如健康、生鲜品类。新冠肺炎疫情让大家的保健和安全意识更强，让消费者购买行为发生改变，行业发展进一步加速。对这类企业，需要深层次思考全链条业务，如何更好地通过数字化进行转型，而不只是短期解决供应的问题。

第三类是长期增长的行业，新冠肺炎疫情使行业受到短期波动，如美妆，但从长期看，新冠肺炎疫情过后，在新场景下又会找到很多新应用。对这类企业，需要思考如何通过数字化的能力来更好地发掘全新的场景，用新的方式和消费者进行交互，从而实现长期的增长。

第四类是长期刚需的品类，新冠肺炎疫情对其没有太大的影响，如零食，这类企业相对来说可更多地按照原来的轨迹推进自身的发展。

不管哪类企业，数字化转型都是非常重要的方法，是新的生产力，但最终要回到商业场景和业务需求中来创造商业价值。

丁杰：如何利用数据进行消费洞察和企业转型

消费分层、两极分化、小众品牌崛起——围绕消费者为中心，消费

第 11 章
再出发，后疫情时代数字化转型的下一站

趋势也在发生变化。由于数据的限制，我们只能在宏观层面观察消费趋势，不能精细到消费个体，也不可能完整还原消费的全流程。贝恩和阿里合作后，越来越多地利用阿里生态的数据全方位还原整个消费场景，从而有了极其丰富、更加深刻的消费洞察。

那么，企业如何利用好数据呢？贝恩和阿里大快消一起推出了FAST、GROW系列方法论，尝试把数据以有机方式进行组合，帮助品牌更好地洞察究竟是谁在用什么样的方式进行消费，其背后的驱动因子是什么。从产品开发到品牌营销到最终销售，企业可以更加精准地利用数据进行赋能。

一些领先的企业在快速导入新方法，已有50多个不同品类的领导企业在逐步进行数字化建设，全方位利用数字资源进行内部转型。这不只是数字的简单应用，而是一个探索的过程，背后需要一系列组织变革和综合支撑，包括重新设计商业模式。整个生态重组，才能真正通过数字资源创造价值。

领先企业已经在率先实践了，有的企业把线上和线下两个营销体系合二为一，成立全渠道的营销部门，整合线上线下不同的数据资源，统筹消费者运营规划，统筹商品规划，统筹供应链整体规划。

这种全新的运作模式，没有数字生态、数字经济体底层的支撑，是很难想象的。数字化转型已经渗透到具体的运营之中，支撑着每天的商业活动。

数字基建
通向数字孪生世界的迁徙之路

丁杰：Protect-Recovery-Retool，
企业应对疫情三部曲

比较成功的企业应对新冠肺炎疫情的三部曲是 Protect-Recovery-Retool。

第一阶段是 Protect 生存阶段，即保护现有业务，确保最基本的业务的安全性。

第二阶段是 Recovery 业务复苏阶段，在外界条件放松的情况下，如何快速把业务恢复，首先就是如何把原有核心客户、忠诚客户激活，充分挖掘老客户的价值远远大于挖掘新的客人，很多时候没有给老客足够的关心，就开始追逐新的客人，但是新的客人又是大进大出的模式，没有充分挖掘老客价值，所以在企业复苏阶段，应该优先关注私域里成熟的老客。贝恩 NPS（Net Promoter Score，净推荐值）体系，是消费者忠诚度的研究方法，专门用来测量老客是不是会愿意向亲朋好友推荐企业，这种最忠诚的老客的价值是普通的客人的几倍，他有本身复购的价值、推荐的价值、口碑的价值等。

第三阶段是 Retool 业务重组阶段，利用危机进行结构化转型和模式上的升级。

雅戈尔利用这次危机激活了所有的资产，人员、门店全都变成了数

第 11 章
再出发，后疫情时代数字化转型的下一站

字资产，用新的模式跟消费者进行互动，这已经是结构性的变化。数字化的资产、数字化的运营模式，将来重新进行组合、打通、创造、重构的时候，可能性就变得非常多了。尤其在 Recovery 和 Retool 阶段，在如何快速聚焦核心客户的恢复及结构化创新模式上，雅戈尔在全球企业里是领先的。

数字基建
通向数字孪生世界的迁徙之路

02
数字化转型领先企业的启示与思考

徐鹏：客群数据挖掘，雅戈尔数字化转型的着眼点

雅戈尔积极推动以消费者运营为核心的数字化零售转型，在服饰行业实践阿里巴巴商业操作系统。

雅戈尔原来没有电商部门，在组织上是把传统的电商部门跟线下部门合二为一，设置线上运营小组跟线下运营小组，所有周边的部门，包括会员部、商品部、物流部、供应链全都围绕线下整体作战。在新零售或新商业上，没有电商部门，不存在打破线上线下两个团队的壁垒，这反而成为雅戈尔的天然优势。

雅戈尔所有部门围绕着线上和线下两类人群做不同的开发和定位，让产品渗透率变得更大。但不得不承认的是，就渗透率的提升而言，线上线下这两类人在慢慢变成一类人。线上线下公域私域的深度融合，是

第 11 章
再出发，后疫情时代数字化转型的下一站

雅戈尔与阿里共创找到的答案。

从消费者维度看，仅仅拉新出货是不够的，企业依然要注重已有客群数据的挖掘，要充分发挥老客价值，利用已有的消费者资产去精准拉新。

在阿里 A100 的共创中，我们先拿沉睡的客人上传到数据中台，与阿里行业兴趣人群叠加，找到有价值的沉睡人群，然后再去触达、唤醒，这个动作发挥出了很好的效果。忠诚的老客是我们最重要的资产，其中既在线上购买又在线下购买的忠诚老客，不管从消费频次、消费年龄还是客单价，都是最有价值的客户群体。这一部分人群目前只有 2 万人，需要持续关注这部分客群的放大价值。我们在阿里公域里找到的雅戈尔的潜在人群，成了我们的忠诚客群。这是雅戈尔在以消费者为核心的数字化转型战术层面很好的抓手。

丁杰：寻找高价值客户的方法论：FAST、GROW 体系

数字化建设领先企业在快速导入新方法，全方位利用数字资源进行内部转型。这不只是数字的简单应用，而是一个探索的过程，背后需要一系列组织的变革和综合的支撑，包括商业模式的重新设计、整个生态的重组，只有这样，才能真正通过数字资源创造价值。

聚焦最忠诚、最高价值的客户，这代表了品牌价值和客户需求的完

美组合，进一步找到组合背后的规律并放大，持续用逻辑结构化的方式找到新的增长点，需要方法论。

贝恩和天猫的 FAST、GROW 体系，就是利用方法论给品牌的更好的指引，把所有触达的人群不断转化为活跃的人群、真正的用户、忠诚的用户，最高效地让他们往下移动，同时从其具体的消费行为上增加复购的频率，增加客单价，拓展其购买的品类，最终发展成为忠实的客户，甚至品牌的大使。2 万个忠实的消费者，其实是企业 2 万个大使，背后可能影响 20 万、200 万其他相关的人，这些人进一步发酵放大，是可以对品牌最终的目标人群做非常好的触达服务的。

徐鹏：线上线下交集的客户价值最高，线上线下深度融合是趋势所在

方法论本质上是一致的，就是以消费者为核心，做线上线下的深度融合。在深度融合的过程中，你会发现，品牌线下的人群不得不与线上人群相碰，做一个真正的交集。到底交集部分的人群在哪里？哪个人群的价值更高？哪个人群价值对企业的未来更有意义？如果纯线上消费人群价值更高，那就搬到线上去；如果纯线下人群价值更高，那就搬到线下去。但是现在我们发现，交集部分的价值更高，这就是说明线上线下融合是未来的趋势所在。

第 11 章
再出发，后疫情时代数字化转型的下一站

徐鹏：品牌力建设和提升，是国内服装企业的战略布局

2020 年 1~6 月服装行业增长受疫情影响下降 19.8%。疫情下，人走不出去，货也走不出去，所以在很长一段时间内，经济只能内循环，大量服装企业本身就在本土做生意，海外市场很少。当原来做外贸的企业货出不去时就会冲击内销市场，引起价格战。品牌力定位在中低端市场的企业受影响会很大，2020 年 618 很多品牌的折扣比 2019 年"双十一"都要大。

在激烈的服装行业竞争中，高品牌力的企业反而能够扛住，因为境外消费释放，内需扩大。所以说，新冠肺炎疫情也是一种机遇，国内品牌要思考如何让品牌往上走。如何在集团内部孵化出一个向上走的牌子，这是雅戈尔战略层面的思考和布局。

服装企业产品的设计和生产，是一个消费者驱动和品牌方引导的双向过程。过去是品牌方引导，现在是消费数据回流，但是单纯依赖消费者数据去开发产品，开发出来的品牌可能会是过时的产品。大量国内服装行业的品牌发展不过三四十年，品牌力的塑造跟国际大品牌有一定的距离。

从消费角度出发，现在中国整个服装行业的两极是价格破冰和品牌力破冰。国内主流方式是低价破冰，靠价格去影响消费者来第一次尝

试品牌。靠品牌力去破冰是很难的，需要我们做更多的品牌力建设工作，比如更多的设计师联名、更多的 IP 联名、更多的社会热点、赋予品牌更多的价值观和品牌故事。消费者一旦被这种品牌力建设吸引而破冰，这个品牌的附加值就会很高。

丁杰：上游思维，用消费者数据驱动企业决策

中国市场有着极大的丰富性，是企业发展的一个战略优势。中国有非常庞大的新兴的中产和 Z 世代年轻人群，有消费能力，有新的消费品位，对自己的国家、文化有更强的信心，愿意消费有中国元素的新兴品牌。他们消费的不只是使用价值，还有品牌情感的社交价值，这是中国的国情，也是全球社会的缩影。品牌要想在中国的发展，企业既要往上攻，又要往下沉，这对企业家来说是一个挑战，这对企业在品牌的架构整个背后的运营体系、组织管理能力都提出了巨大的挑战。

消费者是我们最好的老师，我们所做的，不管是下沉，还是上攻，只要我们能够通过数字化的方式把消费者请到企业里来，企业能够直接触达这些消费者，用消费者数据来驱动企业的决策，那这个企业就有一个非常好的体系。

有了这样的数字化之后，能更清晰地理解消费者自身的意识如何

第 11 章
再出发，后疫情时代数字化转型的下一站

形成，通过各种各样的信息渠道能更早溯源，知道不同类型的消费者的认知、潮流的倾向是如何形成的，主动从源头把这些引入进来，形成企业跟消费者的互动，而不是简单被动地响应消费者，用上游思维来更好地在中途迎接消费者。

丁杰：丰富的消费场景带给企业全新的机遇

随着消费者需求的变化，除了消费出现分层，服装行业还有很多更加小众的兴趣需求或用途需求，如二次元文化、户外运动等，越来越丰富的场景必然会驱动行业品牌形成立体品牌矩阵，运用文化、IP 来驱动产品的核心价值以满足不同人群的需求。产品创新迭代的速度也越来越快，倒逼了新的生产模式的产生。

数字化捕捉到消费需求，对企业来说有两个选择，满足个性化的需求，还是满足大众化的需求。企业内部管理的第一大矛盾就是究竟追求规模化还是追求客户个性化，这二者都是成功的路径，也都有各自的价值。

从产品本身的视角看，服装行业最终仍需依托场景激发消费，实现消费者互动留存和持续复购。中国目前的线上线下场景非常丰富，商业购物环境发生了非常大的变化，线上数字化手段迅速发展，虚拟试衣技术进一步把线下已有的场景活化，创造了更好的场景体验。巨大的创新

数字基建
通向数字孪生世界的迁徙之路

空间让服装行业处在令人兴奋的时代，服装由原来的穿好穿舒服，到成为人的个性表达和自我价值实现的工具。

不只是时装领域有越来越丰富的场景下的产品，在酒类等行业也都如此，沟通营销的方式也都有全新的圈子，这给经营者带来了全新的发展机遇。所有伟大的品牌，都需要有追求、有想法的消费者来参与互动，在这方面，中国市场有极其丰富的土壤。

第 11 章
再出发，后疫情时代数字化转型的下一站

03
阿里商业操作系统整体赋能企业数字化转型

徐鹏：雅戈尔与阿里的数字化共创

雅戈尔做电商起步比较晚，集团线下能力很强，整个产业链能力、渠道能力、产品能力、供应链能力非常强，亟须数字化的汲养。中国最大的消费者数字化运营就在阿里。在与阿里 A100 的合作共创中，在以消费者为核心的新零售商业赛道里，雅戈尔的落脚点是线上线下、公域私域深度融合的业务模型。

阿里 A100 战略整合了阿里各业务单元的资源来与企业共创。阿里数字化基础设施很早就搭建完成了，阿里商业操作系统已成功将其能力输出给各行各业。对 A100 的商家来讲，阿里巴巴商业操作系统提出了数字化转型的三个步骤：第一步是基础设施数字化；第二步是运营能力数字化，原有线下个人经验和能力转变成系统能力、组织能力；第三步是业务的共创，全域数字化运营能力，数据的融合和共建产生的能力。其实这是个存量市场，同是 A100 的成员，如果单纯把我们竞争对手的生意变成我的生意，其实对他来说没有任何意义，对我们来说也没有人替代。

寻找增量，意味着我们开始要做数据工程。阿里有很多搜索能够掌握到消费者最新的需求，像雅戈尔这样有强大的供应链能力的商家，能不能在发现需求后的短时间内把需求反映出来并给予满足？

我们要扩需增容，能够让需求增加。另外，私域的精细化运作，通过数字化工具赋能，能够提升导购私域的服务水平，提升私域运营效率，形成扩容增量。原来我们私域流量是很浪费的，每天大量的进店客人和离店客人，没有任何数字化记录。这些进店客人事实上都是对我们品牌感兴趣的人群，在数字化运营的手段里，这部分人群的投放效率是很高的，转化率是很高的，但这部分人群在线下几乎流失掉了。那怎么样通过私域的赋能，把效率提升上来呢，这是阿里巴巴商业操作系统在品牌端的实践和思考。

丁杰：整体赋能，阿里商业操作系统独一无二

中国和国外数字生态的差异在于中国存在着像阿里这样的跨场景、端到端的整体平台，所以，在中国最有机会形成一个协同融合的整体系统，为企业和品牌赋能。

第 11 章
再出发，后疫情时代数字化转型的下一站

过去几年，阿里在这方面也做了大量工作，推动 A100 战略实践落地，把阿里生态系统各个要素整合并向企业输出。阿里商业操作系统不是一个技术操作系统，而是把核心的商业逻辑内嵌到商业能力中，对商业能力进行封装和产品化后输出给企业，让企业能够更好地理解自己的竞争态势、发展机会、努力方向。

从全球视野来看，阿里商业操作系统是独一无二的，植根于技术但最终又落脚于商业价值的操作系统。阿里商业操作系统，既能提供战略框架，又有具体落地的抓手。商业逻辑完整内嵌进系统里形成闭环，从而有了一个完整的端到端的商业场景，有助于企业自身快速地进行迭代。

同样值得思考的，是如何把商业操作体系和品牌已有的私域的线下资产和商业场景进行融合。最终，一起来打造一套高效且能够自我完善、自我进化的商业生态演进规则。

安筱鹏：智能化是新数字基础设施最大的价值

阿里是全球第一家核心业务上云的企业，不仅是中台移动化、SaaS 化应用，它是一套体系，是被新的基础设施武装、安装的平台。新的数字基础设施最大的价值是使一个企业变得更加聪明、更加智能，能够更加从容地面对需求的变化。

智能是一个主体对外部环境的变化做出响应的能力。那市场需求变化很快的时候，能不能精准捕捉，捕捉完后能否快速去响应，这是阿里本身在过去多年积累的整套体系所创造的价值。

今天，阿里把这套理念、商业模式、技术路线、组织架构，不断地提供给需要转型的 to B 端的企业，使得大家能够应对需求的变化，让供应链和内部的组织管理的效率更高，成本更低、更加精准、更加科学。

徐鹏：扩大客群，雅戈尔与阿里业务数据共创

2019 年"双十一"雅戈尔线下私域沉睡人群与阿里行业兴趣人群做了交集后，线下沉睡人群被唤醒，这部分人群被触达并放大。当天 25% 的订单来自这部分的高净值人群，客单价非常高。

2020 年 618，雅戈尔把线上线下重合的高质量人群拿出来作为种子人群保留而不触达，因为这部分客群在客单价、消费频次和年龄层上都是最佳的，这部分人群一旦触达，等于把线下的体量给替换掉了。结果，我们发现 O2O 订单量就更大了，毛利和客单价都很高。

这其实给行业做了一个参考案例。通过跟阿里业务共创，形成全行业的打法，解决行业的问题。

第11章
再出发，后疫情时代数字化转型的下一站

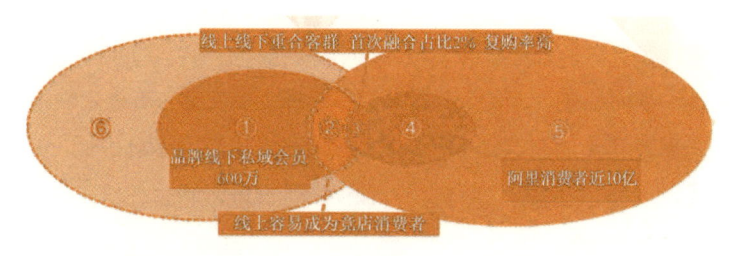

线上线下重合客群 首次融合占比2% 复购率高

⑥ ① ② ③ ④ ⑤

品牌线下私域会员 600万

阿里消费者近10亿

线上容易成为亮店消费者

① 品牌线下私域会员
② 线下雅戈尔消费者上非雅戈尔消费者
③ 线上线下重合部分私域人群
④ 品牌线上私域会员
⑤ 阿里消费者
⑥ 线下公域消费者

丁杰：商业操作系统的进化论思维和企业的成长

商业操作系统演进，实际上是思维方式的转变。现在的商业操作系统是用迭代的方式跟消费者互动、逐渐进行演化的。原来的操作系统可以比喻为牛顿力学的方式，而现在商业操作系统则是一个"生物体"，遵循生物进化论，不断生长、迭代。演化的三大规律就是要把优秀的基因遗传下去，还要有不断的变异，还要有选择的机制。

商业操作系统的演进，是消费者的市场选择，选择机制越快越强，越能帮助企业越早地决定更好的"变异"，进行进一步的"遗传"。阿里是一个生态系统，利用数据帮助企业更好地"遗传"，更好地"变异"，

数字基建
通向数字孪生世界的迁徙之路

更好地选择，建立了一套商业进化的机制。今天，企业面对这么多的不确定性，也面临着"遗传""变异"和选择。事实上，不确定性恰恰是让大自然最强大的原因，经历了无数的灾难，无数的不确定性，大自然用最简单的遗传、变异、选择三大规律，就可以不断进行演化，生长出万物繁茂的世界。

企业在数字化方面的成长能力其实是非常强的，要么从一个更大的基因库里头来选取那些最优质的基因，要么也可能天生就有了更强的数字基因，如果线下场景对成长有价值，同样可以把这个线下基因融入，最终创造一个最有竞争力的新物种。

这就要求不同的基因之间相互能够融合，形成一个新的有机体。这种适应能力、底层数据的打通能力、组织能力，决定着这个企业能够走多远。

第 11 章
再出发，后疫情时代数字化转型的下一站

04

数字经济时代，企业数字化再出发

徐鹏：未来企业数字化转型的三要素

未来企业数字化转型的三要素是：

第一，基础设施数字化。基础设施数字化建设投入大，并不是很快能得到回报，但还是要持续投入基础设施数字化建设。因为企业如果连数据都采集不到，那就不用谈数字化了。

第二，人的数字化能力建设。线下的人更懂实体经济，线上的人更懂数字经济，所以人也要融合，要同时具备线上线下的能力。这个能力的建设，要么培育新的人，要么就是培训企业已有人才的复合能力，实现人才的迭代。

第三，更有价值的品牌。打造的新品牌天然要具备线上线下、公域私域融合运营的能力，传统品牌同样也要学会这种运营能力。

数字基建
通向数字孪生世界的迁徙之路

丁杰：未来数字化企业的品牌发展三阶梯

从企业发展的角度，未来品牌有三个阶梯：

第一个阶梯，利用数字化把握现有业务，发挥最大的潜能。围绕核心客群，进一步拓展新的场景、新的应用。

第二个阶梯，基于全新的能力，拓展新的业务，也可能是新的品类，或者服务的新选项，某种意义上重新定义了企业给消费者提供的价值。

第三个阶梯，重新思考企业定位，到底是一个简单提供具体产品或者服务的企业，还是自身也可以是一个平台，也可以做一个赋能者。我们看到一些 A100 中的领军企业已经在计划孵化未来的数字化的新品牌了。这也说明阿里作为底层的大的商业操作系统，里边还有一些应用层的平台、专业领域的操作系统。这对于企业更是一种脱胎换骨的重新定义。相信未来在几个重点领域里，这些都会成为现实。

安筱鹏：未来数字化企业都是客户运营商

未来 5～10 年，所有的企业都面临的一个重要的挑战，就是如何面对消费者主权的崛起。在这个过程中企业要不断进化，进化成客户运

第11章
再出发，后疫情时代数字化转型的下一站

营商，能够实时洞察、了解、理解客户的需求，同时能够实时快速响应、满足客户的需求。

在进化的过程中，企业需要构建新的基础设施，或者说新型的数字基础设施，还要重新构建业务结构，重新构建组织架构，来满足消费者的需求。

在中国多元化的复杂的快速变化的市场中，我们可能会走出一条跟其他国家完全不同的道路，就像在新的形势下，国家提出来内外两个循环，内循环为主导一样。我们今天讲的内循环，在数字经济时代一定是有数字经济标签的，一定是平台支撑的、数据驱动的、技术引领的新的内循环。

扫码观看本期视频　　扫码观看本期视频

钱金波
红蜻蜓品牌创始人、
红蜻蜓鞋业董事长兼总裁

肖利华
阿里巴巴集团副总裁、
阿里云新零售事业部总裁

安筱鹏
阿里研究院副院长

第 12 章

再布局：后疫情时代的企业链路数智化转型

数字基建
通向数字孪生世界的迁徙之路

01
站立于疫情中的数字化先行企业

钱金波：

这一次疫情来得非常突然，春节过后，红蜻蜓的几千家店全部停业，5000多名销售导购待在家里，中后台员工全部停工，这对研产销一体化的企业来讲，确实是非常突然的。怎么办？企业不能倒下去，我们要在疫情中站立。2020年2月1日，作为红蜻蜓的董事长，我写了一封家书，鼓励所有的合作伙伴和员工，要在疫情中站立，要发挥强大的动力。2月3日，红蜻蜓启动全员营销，开启离店销售、直播、钉钉在线组织。

这得益于红蜻蜓在2018年就开始与阿里合作数字化门店，并成为阿里A100战略合作伙伴计划。2019年，红蜻蜓联合阿里云启动数据中台建设。如果没有前期数字化的准备，全员营销的启动一定要慢很多，我们不可能坐在办公室里和全国员工、各地加盟商、材料供应商高效协同。

第 12 章
再布局：后疫情时代的企业链路数智化转型

肖利华：

红蜻蜓 2018 年就开始做数字化，数字化转型机制做得比较好，从上到下，全员数字化意识很强。因为消费者都已经在线了，内部组织也要在线沟通、在线协同、在线办业务，构建生态在线。从供应商到经销商到消费者，红蜻蜓正在推动端到端全产业链数字化。

类似的案例在其他行业也有，像总部在湖北武汉的良品铺子。良品铺子从疫情期间到现在，一直保持正增长。通过大数据分析，我们发现良品铺子在广东的消费者特别多，良品铺子以前的店铺基本上都在湖北，以传统方式新开的店铺大概 20% 是亏损的，后来通过大数据精准选择，可以实现 100% 盈利。良品铺子在疫情来的时候，把所有的广东店铺都启动起来，变成前置仓，变成直播间，所有的员工变成主播。

疫情期间，之前数字化转型做得比较好的企业，像红蜻蜓、良品铺子、飞鹤等企业，对新冠肺炎疫情都有比较好的应对，这些数字化的先行企业在意识、平台、工具、组织这几条线上都做得很好。

我们也看到了，良品铺子在 2020 年 2 月 24 日成为全球首家云 IPO 的公司，良品铺子发行价 11.9 元/股，开盘价 17.14 元/股，上涨 44.03%，总市值 68.7 亿元，甚至在 5 月份总市值冲到了 300 多亿元。为什么资本市场如此看好它呢？这是值得我们去思考，资本市场是看未来的。

安筱鹏：

良品铺子全渠道有超过 8000 万的会员，这实际上也是企业一种新的资产。过去厂房是资产，员工是资产，渠道是资产，现在消费者也成为企业重要的资产。实际上，疫情期间给整个行业数字化转型的

数字基建
通向数字孪生世界的迁徙之路

启示之一，也在于我们今天讲的技术跟企业的经营管理的结合和过去有了变化。10~20年前，各种ERP、CAD、CAE、客户关系管理工具开始被企业安装使用，核心是管理企业内部。而今天不仅企业内部是需要管理的，怎么能够洞察企业外部消费者的需求，然后形成一个双轮驱动，是所有的企业面临的一个课题。

肖利华：

为什么说疫情是对企业数字化的大检阅？对于企业的数字化，企业的数字基础设施建还是没建，差别很大。那些没做基础设施的，受疫情冲击必然很大。消费者因疫情不来店铺，企业又没有数字化积累，员工就没办法服务好消费者。过去企业强调的都是资产负债表、现金流量表、损益表，未来一定要看到数字资产表。

未来所有的生意都是基于消费者洞察的，反向倒逼企业内部品牌、商品、企划、设计、开发、生产制造、渠道、营销、零售服务等所有的板块。传统商业方式是B to C，企业设计什么产品就推什么产品给消费者，是基于经验、猜测的。未来商业方式更多的是C to B，基于消费者洞察，反向去做精准推销。

工业时代连锁经营都是标准化的统一模式，事实上每个店铺周边的人群都不一样，有些靠近社区，有些靠近企业，有些靠近工厂，人群的男女比例也不一样，所以每个店铺的品类和价格带也应该不一样。现在，基于大数据就会比较高效和精准，我们的手机界面是千人千面的，为什么线下店铺不可以是千人千面的？

第 12 章
再布局：后疫情时代的企业链路数智化转型

钱金波：

我们讨论数字化转型，有一个关键词是数据中台，数据中台的意义就是让你从内部思维跳出来，用外部的思维看问题。如果没有数据中台，消费者的男女比例、年龄段、喜好等，你都不知道，那你的设计企划、OTB 采买，事实上都是传统的一个环节一个环节进行的，自以为做得非常精细化了，但其实跟消费者有偏离，所以数据中台就是一个用外部思维看内部的很好的角度。

企业有了数字化的工具，必须海陆空全域规划。

红蜻蜓原来就是做传统门店的，十几年前我们在线下有几千家店，但是在疫情期间有几千家店是最苦的，甚至可能是负资产。这次疫情，我们最大的收获是启动了离店销售，建立了 1000 多个钉钉群，使我们的会员快速增加了 500 万，而且这 500 万新会员是 25～45 岁的精准客群。有了这些年轻化的精准客群，才可以启动"空军"交流，才能打赢这场仗。

肖利华：

企业数字化转型的 4 个核心内容：意识、工具、平台、组织。

第一要有数字化意识。前几年的数字化沟通交流是从上到下的，没有爆发点，这次疫情正好给大家上了一堂数字化的课。

第二要有数字化工具。道为术之灵，术为道之体，没有数字化的工具是支撑不了数字化转型的。

第三要建数字平台。传统的 IT 信息化是向内部的，现在更多地要向外部；传统方式更多的是流程驱动，未来更多的是数据驱动；传统方式更多的是事后的事实记录，入库做单，出库做单，销售做单，之后就

数字基建
通向数字孪生世界的迁徙之路

没有了。数据时代,要通过数据驱动、算法驱动,重构价值链的各环节。怎样通过数字驱动让供和需、买和卖、B 和 C 更加高效精准匹配,这才是问题的核心。

第四要有数字化的组织。传统零售企业讲的人、货、场都得升级,企业需要思考怎么样把组织线上化,行为线上化,真正与消费者在端上连接起来。

第 12 章
再布局：后疫情时代的企业链路数智化转型

02
数字平台赋能组织与个人

钱金波：

疫情更加快速地推进了管理方法的改变。疫情给红蜻蜓带来了三个快速的变化：没有疫情，企业数字化转型没有这么快；没有疫情，企业的组织变化没有这么快；没有疫情，企业管理者的变化没有这么快，我变得没这么快。

红蜻蜓在组织上有三个变化：第一，**全域组织**。原来线下线上的组织是分开的，人为割裂了货和消费者的联系，现在组织上打通了，才能"海陆空"全域规划；第二，**合伙人组织**，对于传统的非标品来说，特别适合合伙人组织，可以充分发挥人的能动性，把经验与数字化工具充分结合；第三，**社会化组织**。企业需要推动资源重新定位、价值链重构、数据中台建设。

这次疫情成长最好的还是员工，事实上能让员工成长也是企业给员工的一种福利。红蜻蜓的每个部门、每个店、每个导购的能力都在提

数字基建
通向数字孪生世界的迁徙之路

高。在能力提高的同时，他们也变得非常自信。

数据中台推动数字化建设，不仅是员工个人的成长和企业的成长，也是行业能力和整个社会能力的成长。当整个行业的人才素质在增长，这个行业的未来肯定是非常灿烂的。

红蜻蜓作为传统产业，从设计、企划到门店，有太多的管理知识和经验，只是没有通过算法把它归纳出来。经营传统企业红蜻蜓25年，现在经过精准定位，我们可以明白地说：红蜻蜓商务时尚皮鞋适合上班穿，款式时尚，赢得超2亿人次选择。有了精准定位，就可以跟消费者进行连接，用数据来精算这些消费者的喜好。

肖利华：

这次疫情让我们看到，各行各业的巨头在加速整个数字化的建设，疫情前没有建设好的正在补课，一批之前犹豫、观望的现在正在着手建设。比如，恒安集团以前在传统的 IT 上投入很多，做 ERP、ERP-POS 系统，全国百万级的终端，恒安的许总感慨说："搞了半天最后还只是 to B，而且还是 to 小 B。"恒安现在的定位是数字营销，C 位出击，C 就是消费者，所有的板块必须要以消费者为中心去构建，把消费者连接起来，洞察消费者需求，进行全链路数字化转型。

肖利华：

过去的生意模式是，提前一年半做企划，提前12个月做设计开发，提前半年搞订货会，提前 3 个月把货生产出来，然后配送到门店。未来更多的要洞察消费者需求，企业更有柔性，消费者需求倒逼企业内部的组织、流程、资源重新配置，随需而动。

整个商业进化的过程一直就是一个如何让买跟卖、供跟需、B 跟

第 12 章
再布局：后疫情时代的企业链路数智化转型

C 更加高效连接的过程。 今天的数字经济时代，5G、物联网等技术使得门店数字化、生产过程数字化，可以持续迭代升级。

钱金波：

红蜻蜓坚信四句话：内部思维要向外部思维转变；产品驱动要向用户驱动转变；价格销售要向价值营销转变；个人能力要向组织能力转变。

以前是产品时代，然后是渠道时代，现在则是心智时代。心智时代，如果没有数据支撑，没有精准触达，没有数字化，你怎么能抓住别人的心智呢？你以什么样的内容跟你的消费者沟通呢？我觉得心智就是在内容上如何跟你的消费者群体去沟通，这里面数字化和数据中台的建立是基础，有了数字化和数据中台才能够触达消费者，把这些品牌、产品内容传达到他们的心里。

好多人问我，做数据中台有什么作用？数据中台有利于启动"海陆空"全方位营销和门店的数字化改造。既然几千家门店进行了数字化改造，那么必须提高导购员的素质，要培训他们学会使用数字化的工具，比如直播。

有些人质疑直播能不能把货卖出去，觉得卖不出去没有效果就不做了。我不这样认为。我给直播定的规定就是，一个月一双鞋也没卖出去是正常的。红蜻蜓的 50 家数字化门店，播到半个月卖了一双鞋，但员工能力提高了。只要员工能力提高了，你不要怕生意是今天做还是明天做。

数字化的本质就是成本、效率和体验。

平常大家总说获客成本非常高，事实上获客成本高的原因是达不

数字基建
通向数字孪生世界的迁徙之路

到精准。品牌定位很重要，假设红蜻蜓的产品定位在商务时尚皮鞋，适合上班穿，我的店就主打办公楼，主打 CBD，这些地方就是我竞争的地方，它的成本和效率就会提高，我就可以直接到办公楼开店，充分节约了顾客时间，而且成本可控。如果成本太大了，数字化就推不下去。成本是大概念的成本，不仅是销售成本、运营成本，还有战略质疑等待的成本。红蜻蜓在启动数据中台的同时，还启动了两个项目，就是特劳特战略定位理论在公司内部的运用和蓝鼎咨询的全价值链重构。然后再加入数字化工具，这样一次性的成本是最低的。

肖利华：

回归商业的本质，就是怎么样让消费者体验更好、更加便利、更加个性化，怎么让 B 端成本更低、更加精准地触达消费人群，怎么样去提升商业运营的效率和效益。归根结底还是要回到怎么样最高效率地服务好消费人群。

钱金波：

我很欣赏阿里提出的全域营销、全域思维。用到自己的企业数字化转型中，就是全面推倒原来组织里的高墙，全面扁平、全线贯通，这是一个充分体现效率的问题。后疫情时代的数字化，就是提高效率。所以说，我理解全域的概念，就是打通组织，全员发动。

对于一个企业家来讲，要有全域思维，要看得见全球情况，看得见全行业情况，也要看得见自己的企业情况，更重要的是把时间和精力多用在关注我们的消费者。这样，成本、效率和体验才能慢慢达标。这是当下各行各业所要思考的事情。

第 12 章
再布局：后疫情时代的企业链路数智化转型

肖利华：

品牌企业可以从全场景、全渠道、全链路、全要素、全生命周期去认识和理解全域思维、全域运营。全域运营包括品牌、商品、制造、渠道、营销、零售、服务、物流、金融、组织、信息技术共 11 个要素。

品牌——传统企业通过需求分析很容易清楚地知道目标消费人群喜欢什么，包括喜欢的明星、媒体、内容、话题，以及喜欢在哪里看到这些内容。通过数字化使品牌精准度大幅提升。

商品——设计开发阶段通过对消费者洞察，了解目标消费者喜欢什么样的品类，喜欢什么样的风格，喜欢什么价格区间。

制造——通过需求分析知道消费人群未来若干时间内大概需要什么产品，可以预售，先接到订单再组织生产制造。而非以前凭经验和直觉提前半年生产，制造大堆库存。

渠道——通过大数据驱动的模型，可以人找店或者店找店。人找店是看目标消费人群在哪里，就在哪里开店；店找店是通过大数据分析哪一类店铺是最盈利的，那就是我们最想开的店铺。

营销——通过大数据把我们的品牌、理念、故事、商品、上市波段、话术、促销等，更加高效精准地触达目标消费人群。

零售——通过大数据把线上线下全渠道打通，门店进行数字化改造。包括商品陈列怎么吸引客流，哪些销售率比较高，哪些转化率不太高，哪个环节有漏洞、有问题，陈列到底该怎么去调整，没有客流的或者客流转化率很低的应该怎么重新调整。

服务——设计规划、品牌、商品、市场、渠道到底怎么做，消费者为什么这里不满意、那里不满意，到底是商品质量的问题还是物流方配

数字基建
通向数字孪生世界的迁徙之路

合问题，是研发的问题还是售后客服的问题，通过大数据把服务自动化构建在整个数据中台里。

物流——线上线下怎么样做全渠道打通。就近发货，同城配送，疫情后这是生意的标配。

金融——通过大数据把区块链跟供应链打通，业务端数据中台做完后，网商银行可以相对低成本、快速地融资跟贷款，解决了融资难、融资贵的商业难题。

组织——真正以消费者为中心，如果内部组织都不通，不可能以消费者为中心，全域运营必须要用工具去赋能，才能满足消费者需求量级的变化，才能第一时间把消费者需求同步给设计师、生产、营销、渠道等所有相关人员，这也避免了信息大量衰减和大量失真的问题。

信息技术——实现数据的共享，为所有环节提供高效协同的保障。

所以，以消费者为中心全域运营，是商流、物流、资金流、组织和技术所有的环节、所有的板块都真正以消费者为中心的重新设计。

第 12 章
再布局：后疫情时代的企业链路数智化转型

03
阿里商业操作系统（ABOS）的全域解决方案

肖利华：

工具只能解决局部的问题，系统才能解决系统的问题。我们提出阿里巴巴商业操作系统（ABOS），就是要帮助企业完成品牌、商品、销售、营销、渠道、制造、服务、金融、物流供应链、组织、信息技术11大商业要素的在线化和数字化，就是要从所有的维度全方位去看，用系统方法解决系统问题，因为系统最终要帮助企业实现系统的在线化和数字化的成功，而不是局部的单一要素的成功。

三分靠技术，七分靠运营。很多企业把数字化当成自动化，认为只是 IT 部门的事情。数字化转型是一把手工程，一把手必须参与，基于消费者为中心的品牌、商品、制造、渠道、线上线下销售等所有的业务部门都得参与。

"因为相信，所以看见"，这仅适合少数企业、少数人，绝大部分

数字基建
通向数字孪生世界的迁徙之路

人还是"因为看见,所以才相信"的。因此要先做那些相对短平快的,能看到增量的板块,比如数字化营销、精准营销、零售终端,包括直播。

飞鹤的数字化转型之路,是比较有参考意义的。飞鹤首先做整个**消费者端的数据中台**,做完之后大家都看到增量的效果,包括做直播,大家也非常有信心了;然后飞鹤开始做**供应链端**,它的牧场、它的奶牛、它的工厂、它的物流全部数字化,端到端全部打通,大家都看到价值了;然后开始**构建整个业务中台**,业务中台也分两段,先做渠道和销售,全渠道所有东西就近发货;全渠道的事情全部做完,再把供应链端做完;供应链端做完之后,开始做**财务中台**,因为要财务业务一体化,要去做预算决算,要去实施优化所有的环节;同时在钉钉上做**组织中台**,这也是在认知上不断循环迭代的案例。

第 12 章
再布局：后疫情时代的企业链路数智化转型

04

全域运营下的直播

钱金波：

直播不是以企业家意志为转移的，而是社会消费群在疫情当中的需求变化催生的一种商业模式。我对直播有两点清晰思考。

第一点，直播能够高效、快速、精准地触达目标群体，传递品牌内涵。我三次直播就触达了 2000 万人，成本却比传统广告要低很多。特别是 2020 年 5 月 23 日，我们品牌发布的直播方式是以综艺的方式边演边说边卖货，通过不同的场景告诉消费者红蜻蜓的品牌定位。这种品销结合的内在意义，就是把品和销通过直播很好地结合在一起。

第二点，千店直播不仅向外对消费者进行触达，对内也是一次员工大培训，不同于传统培训，直播通过话术、品牌定位，对宝宝们（消费者）的问题要及时回答。你的卖点是什么，你的热点是什么，你的趋势是什么，统统要面对面跟粉丝们进行交流。千店直播的大培训，先别关心卖多少，关键把卖的人练出来了，这才是核心。

数字基建
通向数字孪生世界的迁徙之路

直播对员工功力的提高，也是一种资产投资，回报率也会很高。我们不能将直播停留在能不能卖货上，要以更高的维度看直播，通过直播提高员工能力，把 1000 名店长培训出来，让他们都能够自如地在镜头前面和消费者互动，卖不卖出鞋都没关系。直播表面现象是直播，实际上是中国消费者在线化快速提升的不可逆转。不仅是年轻一代的消费者，这次疫情，60 岁、70 岁的人也都上来了。在线化的不可逆转，就决定了直播这一种模式就是趋势，是常态化，是跟消费者沟通的一种模式。

肖利华：

直播这么火爆，背后的驱动力要分三个维度。

第一，to B 维度：根据不同场合，直播卖货可以有不同的形式和作用。从老板到不同层级的管理人员，再到一线员工，中间还有各种 KOL，一定要区分不同的场合。比如，网红因为成本太高可以在大促时去用，日常更重要的是"蚂蚁雄兵"一线员工，老板和各维度的高管可以阶段性地参与体验。

第二，to C 维度：直播做得好和不好，有几个关键点。做得好的直播在直播前会做很多准备功课来提升转化率；前期通过线上线下各种渠道做大量试水引流；充分考虑直播过程中怎么样加速转化，比如在什么阶段应该放出什么利益点，商品的卖点、亮点、爆点要跟消费者讲清楚；直播后的快速履约，基于直播前、直播中、直播后的数据要进一步沉淀，反复去放大。

第三，政府维度：政府也在推动直播。to B、to C、to G，是直播的不同视角，甚至还提炼出了模型 C to B to G，所有的板块是以消费者为

第 12 章
再布局：后疫情时代的企业链路数智化转型

中心的，以人民为中心的。从政府端来说，一些地方政府出台了很多专门针对直播的激励政策措施，通过直播实现高效的无接触式的服务，本质上是通过数字科技的方法和手段，让整个社会运营的效率和效益进一步提升了。

我们坚信，中国的商业模式、消费者的模式，包括直播的模式、线上线下全网全渠道、财务中台等各种板块，在这次疫情之后都可能会进一步去引领全球，未来一定是 Copy from China。从整个数字化的技术角度来讲，无论在意识上，还是行动速度上，疫情使整个周期至少提前了 3~5 年。

数字基建
通向数字孪生世界的迁徙之路

05

未来企业数字化转型建议

肖利华：

对于数字化转型，还有一些企业在犹豫、观望，但是大部分企业都开始加速数字化过程。

企业为什么要建设中台？当前端消费者变化越来越快，后台原有的 DRP、ERP、OMS 各种系统却变不了，3 个月、6 个月，甚至 1 年、2 年都变不了，怎么办？这时候中台的作用就显现出来了。

其实越是多品牌的产业链、多业态的企业，越需要中台，中台可以减少低水平的重复建设。只有打通订单中心、会员中心、交易中心、评价中心各板块，整个集团的资产才可以发挥更大价值。越来越多的头部企业、多品牌的企业、多业态的企业，在找我们去构建整个业务中台，打通数据资产。

早上线、早受益，数字化转型的最好时间，一个是 10 年前，一个是现在。消费者已经在线了，我们也不能再犹豫、再观望，不能

第 12 章
再布局：后疫情时代的企业链路数智化转型

每次都是听别人的故事。每个企业其实也都是个生态，未来所有的企业都会是数字化的企业，数字化、在线化只是第一步，智慧化才是未来。在中国数字化、在线化和智慧化基本上都是在压缩式地并行前进。

钱金波：

市场和消费者已经逼着企业家必须做出数字化的选择了。潮流不可逆，趋势不可为，物竞天择、适者生存，所以企业数字化不需要讨论，而是必须得这样做，企业家要与时俱进，只有坚持信心，把中台和数字化做好，企业才有未来。

一个行业的引领，只要有世界级的公司在你身旁，一切都不是问题。红蜻蜓不会建中台，阿里帮助我们建中台，这就是我的选择，这就是红蜻蜓的未来。

数字经济时代才刚刚开始，我们怎么样用好数字科技的方法手段，去触达更多消费者，提升消费者的体验，更好地服务消费者，并倒逼整个企业内部的各环节从全链路、全要素、全场景、全渠道、全生命周期去改善，这对企业是至关重要的。你不来，时代的红利就跟你无关了。

下篇

冯升华
达索系统大中华区渠道技术总监、
达索系统中国大学校长

袁正刚
广联达科技股份有限公司总裁

安筱鹏
阿里研究院副院长

第 13 章

从巴黎圣母院
重建看数字孪生建筑

01
数字孪生技术在建筑中的应用

冯升华：数字孪生让巴黎圣母院重生

数字孪生对古建筑修复具有重要价值。比如，数字孪生在巴黎圣母院的修复中发挥了非常大的作用。首先，在虚拟赛博空间建造巴黎圣母院最终状态（原始面貌）的数字孪生体；其次，用三维扫描的方式在赛博空间做出损毁状态的数字孪生体，要清楚建筑各部分损毁后的具体情况，要以什么样的方式进行修复，哪个地方需要什么样的物料，物料从哪里来，用什么样的工艺把它建造出来等；最后，对比最终的状态和现在的状态，在残留的建筑物基础上去修复，使现实中的修复达到数字孪生体的最终状态，也就是巴黎圣母院原始的状态。

2015 年，达索系统与巴黎市政府合作"数字巴黎"项目，通过 3D 仿真、建模及在虚拟三维世界中的验证，完整地还原了巴黎古城，还原了巴黎圣母院的原貌和建筑过程，包括各种平面图像、3D 图像信息、

第 13 章
从巴黎圣母院重建看数字孪生建筑

完整的建设过程（详细到当初建设时每年到一个什么样的修建状态）。这些数字孪生的信息和模型可以帮助巴黎圣母院获得现实的重生。

袁正刚：数字孪生在建筑行业应用发展迅速

数字技术，包括数字孪生技术在建筑行业的应用发展快速。过去建筑建造过程的数字化程度相对落后，很多建筑企业实际上没有信息化系统，或者说只有很少的信息化系统。信息化的缺失，使建筑行业在做数字化时没有历史包袱，不需要继承或改造以前的系统，反而可以轻装发展。近年来，建筑行业，包括房地产公司、施工企业，都在补信息化的课，整个行业的数字化发展速度实际上是非常快的。例如，大兴机场的建设从一开始就应用了全面的信息化技术。数字化技术在建筑行业的应用，已经进入了非常好的发展阶段。

冯升华：数字孪生可以应用于建筑的全生命周期

数字孪生技术是从制造业向建筑行业转移的。不管是制造业的产品，还是建筑产品，其实都是在数字世界里造一个数字孪生体，在数字孪生体上做各种各样的尝试，做各种各样的方案比对，找到最合适的方

数字基建
通向数字孪生世界的迁徙之路

案,把它变成现实。

　　数字孪生技术,在整个建筑的全生命周期里有很多应用。在概念设计阶段,可以用数字孪生的方式对建筑的周边环境进行评估,对建筑进行视觉体验。到详细设计阶段,各专业的知识需要全部注入数字孪生体,所有不同专业的工程师要有统一的平台进行协同工作,共同产生数字孪生体,然后在这个数字孪生体上做各种错、漏、碰、缺的设计验证,包括抗震、沉降、通风分析,保证建筑产品设计质量。在施工阶段和运营阶段,施工进度计划、工艺验证、人员操作风险,以及编排维护计划、设备信息检索等也可以应用数字孪生技术。

建筑全生命周期 数字连续性→ | 概念设计 | 扩初设计 | 详细设计 | 预判生产 | 施工安装 | 移交 | 运营

概念设计
- 地址地形
- 环境评估
- 视觉体验

设计阶段
- 项目管理
- 多专业协同
- 算量造价

设计验证
- 检查错漏碰缺
- 抗震分析
- 沉降分析
- 通风分析

施工阶段
- 施工进度计划
- 工艺验证
- 运动干涉检查
- 人员操作风险

运营阶段
- 编排维护计划
- 设备信息检索
- IoT信息集成

第 13 章
从巴黎圣母院重建看数字孪生建筑

02

数字孪生的价值

冯升华：数字孪生的价值：最优建造方案

京雄高铁在建设中也应用了数字孪生技术。京雄高铁完整的建造过程在它的数字孪生体里都可以看到。中国铁路设计院在电脑里先建设了一条京雄高铁的虚拟版本。高铁设计建设是一个复杂的大系统，高铁的数字孪生建造也比制造业难很多，这是因为高铁数字孪生的数据量相当庞大，复杂多样的专业数据、知识、技能必须全部数字化后注入数字孪生体。此外，高铁建设的数字孪生标准也要制定。通过在数字孪生体上做各种各样的方案比对，最后得到京雄高铁最优的建造方案。

具体而言，数字孪生在基础设施建设和建筑行业的价值体现在：一是**多专业、多工种的协同**。有了数字孪生技术后，就可以多人并行工作，多工种、多专业协同开展工作。二是**多方案比对，精准寻找最优方**

案。比如，高铁经过山区地段，到底应该建一座桥还是建一个隧道，这个问题可以通过数字孪生进行不同方案的比对，直到找到对环境影响最小、工期最短、成本最低的最佳方案，然后把它变成现实。**三是非常容易出精准化的算量结果**，比如，整个铁路在电脑里做完之后，要多少铁轨、多少材料等，可以快速算出来，整个工程造价也可以快速知道。如果没有数字孪生技术，整个工程的工作量巨大，难度也大，周期也长。

袁正刚：数字孪生给客户带来价值：成本、进度、质量安全

行业最关注的就是数字孪生能给客户带来什么价值，我们的数字化系统能不能帮客户省钱，能不能帮客户加快进度，能不能帮客户提高质量安全的管理水平。**建筑行业数字孪生的最终价值就是节约成本、加快进度、提升质量安全。**

数字化为什么能实现这些价值呢？因为这是一个系统的数字化。生产力、生产关系、生产对象、管理要素在数字化后形成一个系统，才能提高利润水平，才能缩短工期，才能提升质量安全。没有数字化以前，管理是分散的，很难高效统一起来。比如，施工企业特别关注劳务管理，在劳务管理上都比较精细化，但是施工中常常是工资比较高的钢筋工在施工现场等待钢筋运抵，这样不仅工资成本高，而且工期也会长。所以系统管理，材料管理、人员管理、质量安全管理、技术管理应该关联

第 13 章
从巴黎圣母院重建看数字孪生建筑

在一起,这样才能缩短工期、节省成本、提升质量。当数字孪生在成本、进度、质量安全的价值凸显后,整个行业对数字化也就不会有疑问,就可以快速推动。

数字孪生跟以前信息化的差别就在于系统化。过去信息化是点状的,可能解决了一个岗位或一个功能的问题,但是没有解决系统的问题。数字孪生用系统化的思维来思考数字化,这是非常重要的。2018 年,我们提出"数字建筑"的理念,就是集成人员、流程、数据、技术和业务系统,实现建筑的全过程、全要素、全参与方的数字化、在线化、智能化,也就是全局的最优化,而不是单点的最优化。

安筱鹏:数字化,满足企业全局优化的需求

困扰建筑业的一个重要问题就是工期问题,工期拖延的背后是各种各样的突发事件、各种各样的不确定性、各种各样的等待,等待的背后是资源的浪费。工期怎么才能锁定和压缩?当项目的行为被数字化之后,可能面临的各种问题被充分暴露出来,通过数字化的手段快速应对,对工期延误的潜在风险做出某种预判,优化资源配置,进而锁定工期甚至压缩工期。**无论是制造业还是建筑业,纷繁复杂的各种问题归结为一点,就是企业全局优化的需求和碎片化供给之间的矛盾。**数字化本质上要解决的就是这个矛盾。

数字基建
通向数字孪生世界的迁徙之路

建筑业和制造业在数字化上有一个共同理念：从局部优化到全局优化。全局优化的需求不仅是一个企业的内部需求，一个建筑从设计建造到维护的整个全生命周期，核心理念就是如何能够从局部的资源优化，通过数字化转型演变到全局优化，数字化的价值也正在此处。

企业数字化的投入随着时间的推移不断增加，数字化所带来的收益并不是一条直线，前期的收益可能呈现直线的状态，一旦跨越了某个拐点，就会呈现指数化增长。这个拐点就是企业能够实现多个业务单元系统的集成，或者说数据的互联、互通、互操作，跨越了这个拐点，无论是工期、质量、成本、效率，综合效果会呈现指数增长趋势。

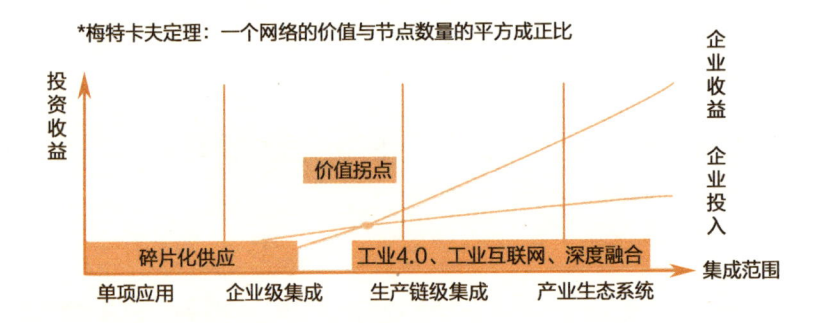

*梅特卡夫定理：一个网络的价值与节点数量的平方成正比

投资收益 / 企业收益 / 企业投入

价值拐点

碎片化供应 —— 工业4.0、工业互联网、深度融合

单项应用　企业级集成　生产链级集成　产业生态系统　集成范围

冯升华：数字孪生的发展方向：从产品延伸到周边环境

从达索系统的实践看，数字孪生的发展经历了四个发展阶段：

阶段一：着眼外观。最早数字孪生关注的是所见即所得，在电脑里什么样，最终造出来也什么样，可以说是几何孪生。

第 13 章
从巴黎圣母院重建看数字孪生建筑

阶段二：兼顾多学科、多专业。20 世纪 90 年代初，电脑里造的飞机能在电脑里起飞，现实中造出来的飞机也要能起飞。这就需要在电脑里架构一个包括空气动力学、结构力学、电磁学等多学科多专业的飞机数字孪生体。

阶段三：聚焦全生命周期。除了考虑飞机的最终状态，还要考虑为什么要造这架飞机，电脑里的飞机造出来后在工厂里怎么造出来，怎么维护，要考虑飞机的全生命周期。

阶段四：从产品延伸到完整的周边环境。2012 年左右，我们发现仅仅考虑产品本身是不够的，还要考虑它的使用环境。比如，在考虑汽车本身好不好开的同时，还要考虑汽车在什么样的道路和环境中开，要把道路和建筑构成的城市环境也做成数字孪生，才能验证汽车是不是开得好。从产品本身延伸到完整的周边环境，这也是数字孪生的发展方向。

袁正刚：广联达建筑业数字化转型案例

广联达 2020 年一季度同比实现 15% 的增长，背后是整个商业模式和产品形态的变化，以及对数字化的理解和战略布局。结合产业的特点，广联达形成了建筑行业数字化转型的商业模式。

向基于云的架构体系迁移，也是建筑业的数字化解决方案。 5 年前广联达全力向 SaaS 模式转型，为客户提供云服务。云模式可以实时洞

数字基建
通向数字孪生世界的迁徙之路

察项目的最新变化，并实时传递给项目各参与方。多种数字化技术系统化融合，给客户带来按需使用的服务。这种商业模式的变化，也让软件的底层"铁公基"化了，成为我们的新底座、新理念、新能力。

随着产品模式的转变，我们与客户的关系也变得更紧密，随时可为客户服务，**跟客户的连接路径更短了，跟客户反馈的周期也缩短了**。客户提出需求，直接到研发那里，没有中间环节，信息不会衰竭，同时跟客户互动频率加快，对客户产生了价值。而我们对商业了解得更清楚了，对客户的业务了解得更清楚了，并且增加了新的商业机会。在经历了产品方向和组织方式上的探索和迷茫后，广联达最终回归**"为客户创造价值"的根本**，也就是能不能给客户省钱，能不能解决进度管理问题、安全质量问题。所有商业的本质是给客户创造价值，所以数字化转型能否给客户创造更多的价值，始终是第一个要考虑的问题。

第 13 章
从巴黎圣母院重建看数字孪生建筑

03
数字孪生与数字孪生城市

冯升华：数字孪生与智慧城市解决方案

2015 年，达索系统与新加坡合作开发"虚拟新加坡"，管理者提出了智慧城市管理目标。达索系统首先建立了整个新加坡的 3D 数字孪生体，虚拟城市复制模型，将整个新加坡城市精确数字化。并针对城市管理者提出的不同目标，再去采集相应的数据，然后把各方面的信息集成在一个平台里。现在已经有 1000 多个数据层来模拟真实的场景了，新加坡城市管理各部门都可以综合利用这些数据，通过模型模拟各种事件的发生对新加坡城市的影响，城市管理者在此基础上做出了科学决策。比如，智慧出行采集交通数据，具体到每条道路上的车流量信息、人流量信息、红绿灯布局和红灯频率，也包括学校上下学时间、医院上下班时间等。又如，基于这个平台，未来 5G 的基站放在什么位置能保证全覆盖，同时成本又是最低的；新建一个医院会对周围的环境产生什么样的影响；等等。这些城市建设和管理问题，都可以在虚拟的城市孪生体上去做各种各样的验证仿真、分析优化，进而做出科学决策。

数字孪生技术在智慧城市的建设中，除了新城规划，更多的还是对现有城市的改造升级、局部规划。在城市现有的基础之上造一个数字孪生体，对已有的传统设施数字化，让它发挥最大的效益，让整个城市的市民生活更幸福。无论是单个建筑，还是整个城市，要考虑它们的全生命周期。同时，单个建筑要和整个城市环境结合在一起去考虑，达到全局的最优。达索系统提出的智慧城市解决方案，包括医疗社保服务、公共事业、交通运输、公共安全、设施管理和环境规划等。只有把超大的数据量都放在一起的时候，才能做出正确的决策，城市才能更智慧。

袁正刚：城市理念更新与城市数字化发展

建筑是城市重要的组成部分，把城市理解好了，才能把建筑做好。实际上，城市的理念在不断更新。城市建设包括城市规划、城市建设和城市运行维护三个阶段。以前城市规划主要考虑交通，是以公共交通为导向开发的 TOD 模式，现在要考虑行人优先的 POD 模式，还要考虑以服务为中心的 SOD 模式、强调规划理性预期引导的 AOD 模式。整个城市的理念如何真正落地，要有系统支撑，要去做全局优化。例如，

第 13 章
从巴黎圣母院重建看数字孪生建筑

中关村软件园参考国外软件园设计建造，刚开始和国外一样，没有人行道，但中国的公交系统发达，人们有在园区里行走的需求，这就涉及后期如何改造，这些都可以通过数字化的手段模拟。城市规划和建设涉及的部门多，像交通部门、卫生部门等不同部门的诉求也不一样，所以要针对不同的情况去建模，建模深度、建模尺度也不一样。

城市的数字化发展也是分阶段的。城市完整的数字化现在还不可能完全实现，但智慧城市是城市的发展方向。现在城市的数字化相对分散，但最终还是要实现系统的数字化管理，当这些局部的、分割的系统能够连成一体，实现全生命周期的城市规划与建设，它的价值就会很大。

安筱鹏：全生命周期管理，数字孪生城市的重要价值

数字孪生给城市设计过程带来便利的同时，也能减少资源浪费、降低基础设施建设的成本。对于城市的数字化或者智慧城市的设计与建设，数字孪生的价值就在于对它全生命周期的管理。对于城市的管理者来说，更多的资源、更多的精力用于已有的存量的资源怎么做优化，怎么做全生命周期的管理，怎么在数字孪生世界里做完优化后反馈到实体世界里，给城市创造更多的价值。

构造数字孪生城市，需要清楚城市的运行机理，城市运行机理的分

数字基建
通向数字孪生世界的迁徙之路

析是构建数字孪生城市的基础。如果不清楚城市运行规律，数字孪生模型与实时采集的物理世界的城市数据集成、经算法加工之后创造的价值，也是非常有限的。只有把城市运行认知的规律搞清楚，数字孪生体的相似度才会更高一些。

数字孪生世界是新技术不断集成的终极版图。新基建正在构造数字孪生世界的底座，在可见的未来，数字孪生城市会让人们的生活更美好。

扫码观看本期视频

冯升华
达索系统大中华区渠道技术总监、
达索系统中国大学校长

袁正刚
广联达科技股份有限公司总裁

安筱鹏
阿里研究院副院长

第 14 章

数字孪生：
从细胞、心脏到
新冠肺炎新药开发

数字基建
通向数字孪生世界的迁徙之路

01
数字孪生重现历史，也在设计未来

  对于未来，我们现在做的数字孪生，不管是产品的制造业还是建筑，本身就是未来。整个地球或者说局部的一个国家的未来、一个城市的未来，我们可以用几种不同的版本进行比较，看看哪一个是我们最想要的未来的模式或者未来的景象，我们朝着那个方向去建设就好了。

  数字孪生在重现历史的同时，也革新了知识的传承方式，人们可以通过沉浸式的体验来传承人类的历史与文明。我们上历史课可以戴着AR/VR眼镜穿越到历史的场景中，进行体验式学习，比如原始社会的岩画壁画，历史书里描写的场景、历史人物、历史文物与建筑，通过人工智能把所有的这些知识和信息及考古学的结论等浓缩在一个平台里，就可以把历史甚至历史的其中一个可能性用人工智能构造出来。

第 14 章
数字孪生：从细胞、心脏到新冠肺炎新药开发

冯升华：数字孪生与未来城市和空间探索

未来城市是什么样的？未来交通出行的趋势是什么？未来人类生活的状态是什么样的？这些我们都可以想象，或者用数字化的手段在电脑里塑造出来。未来的城市可能是建筑在空中的城市、海上的城市，甚至是火星上的城市。未来人类的出行工具可能是无人驾驶汽车、飞行汽车，未来的城市交通可能是空中三维立体的交通。这些人类的未来，如果在数字世界里能够建好数字孪生体，就可以去优化仿真，最终真的在现实中把它们建好。

我们可以看看数字孪生在火星探测器上的应用。美国几年前发射的火星探测器能够在火星上顺利降落的重要原因之一，就是用了数字孪生。无数次仿真模拟火星的环境；在降落火星的过程，无数次模拟当时火星的大气状态，然后优化设计、功能、材料、耐火温度，再仿真，最后使得现实中的火星探测器在火星上成功降落。我们同样也可以用数字孪生的方式建立月球基地的数字孪生的版本。

可以说，未来的竞争，无论是企业之间的竞争，还是国家之间的竞争，有可能就是数字孪生的竞争，谁在数字世界模拟出来的数字孪生版本和真实世界版本更接近，谁就更接近于成功。

数字基建
通向数字孪生世界的迁徙之路

安筱鹏：数字孪生的三个发展阶段

数字孪生的概念，突破了我们对已有认知的边界，不仅是制造业、建筑业，也拓展到了生物领域，数字孪生应用的场景极其广阔。数字孪生经历了三个阶段：第一阶段是局部的、碎片化的有限数字孪生阶段，我们现在也正处在这个阶段，包括某个部件、特定生产线、数控机床等；第二阶段是全局实现静态的数字孪生，比如，制造业的设备和产品或者城市小区的数字孪生，但是数据的交互可能很难做到实时，需要有周期；第三阶段是实时的数字孪生，物理世界跟虚拟世界能够实时交互。

实时的数字孪生，是未来理想的状态。所有看到的物理世界都可以在虚拟世界里重构出一个镜像，帮助我们去描述、去诊断、去预测、去决策，更重要的是数据是实时的。当然这可能需要一个很长的过程，最终才能够实现一个实时的形态。这是数字孪生真正的价值所在。不同的领域和不同的行业，发展的时间周期是不一样的。

第 14 章
数字孪生：从细胞、心脏到新冠肺炎新药开发

02

数字孪生，从细胞、心脏到新药研发

冯升华：数字孪生与生命科学

数字孪生有两个维度，一个是原子的维度，原子、部件、建筑、城市、地球；另一个是基因的维度，基因、细胞、心脏、大脑、人体、生物。21 世纪是材料科学和生命科学的世纪。在未来的 20 年里，人类会在生命科学和材料科学领域逐步走向微观世界，数字孪生会逐步成熟起来，大放异彩。达索系统的布局也从数字化制造发展到数字化城市，再到生物医学领域的数字化。

人体的数字孪生造起来是最困难的。人体系统复杂程度的量级远远高于制造业和城市，汽车零部件是 1 万～3 万量级的，波音 777 是 600 万量级的，航空母舰是 10 亿量级的，而人体是由 37 万亿个细胞组

数字基建
通向数字孪生世界的迁徙之路

成的。可以说，人类社会所有的机器加起来的复杂度还没有人的一节小手指的复杂度高。而人体的数字孪生体需要把人体相关的多学科、多专业知识和原理全部数字化后注入。目前达索在数字心脏和数字大脑方面都在积极探索。

达索系统 Living Heart 项目，成功地捕捉到如何通过每股肌肉纤维产生电力，以复制出人类心脏的真实动作，在准确描绘心脏整个物理过程后，模型就会自己建立起来。数字心脏的价值巨大在于，首先，心脏手术专家可以事先借助 3D 模型进行手术预演，规划手术步骤，这有助于医生规划最佳手术方案，提高医生手术的质量。其次，可以在数字孪生的心脏里做教学，提高医生的学习效率。此外，医疗设备制造商可以借助心脏数字孪生体模型了解疾病状况和进行创新测试实验，全球医疗器械行业设计出来的医疗设备只有 45%最终能够得到监管机构的批准，如果数字孪生做得好，可以大大缩短医疗器械的研发周期，快速通过设备验证。

达索数字大脑在治疗价值上，一是大脑创伤的治疗，二是某些精神类疾病的治疗（比如精神分裂、帕金森的治疗，用电信号刺激人的大脑去治疗，电子信号产生的药物就是电子药物。需要在数字孪生大脑上不停做实验，才能找到哪个位置、哪个信号能够治疗它），三是其他领域的应用，比如应用于阿尔茨海默病脑萎缩。达索系统作为一家科技公司，会不断在生物医学领域积极探索。

第 14 章
数字孪生：从细胞、心脏到新冠肺炎新药开发

冯升华：数字孪生与新药的研发

新冠肺炎疫苗的研发备受社会关注。制药领域的复杂程度也非常高，药物领域研发只有 10%左右能投入生产。目前人类还没能完全掌握药物的数字孪生，主要是因为还不能复制出完整的病毒和完整的细胞的数字孪生，包括细胞开始生长分裂到制造蛋白质的整个过程。如果我们能够造出病毒和细胞完整的数字孪生体，我们就可以造一个患者的数字孪生体，在虚拟的患者体内去试验新药对病毒的靶点产生的影响，观察、分析虚拟的临床、虚拟的患者、虚拟的药物、虚拟的病毒、虚拟的细胞在内的整个过程完整的作用机理。当这些数字孪生体都能建出来后，这个过程迭代速度也会非常快，那么未来新药研发的成功率将大大提升。

现阶段，借助数字孪生新药研发已经可以实现药物的设计了，已经能做到不管是小分子药物还是高分子药物的药物设计；基于药效和病毒的靶点，人工智能可以自动筛选最合适的药物；已经实现药效团设计，现有的药物如果不能满足最优治疗效果，可以设计出一种新的药物并分析出来药物哪个成分是有效用的，还包括怎么控制它的毒性和副作用。以上这些药物设计的领域都做得比较好，但病毒和细胞整体的数字孪生还需要在未来继续突破。人类对数字孪生趋近于现实程度的追求，是没有止境的。

数字基建
通向数字孪生世界的迁徙之路

冯升华：材料科学领域的数字孪生

物质是由原子和分子构成的。我们人类对数字孪生趋近于现实程度的追求是没有止境的。我们在微观层面上也在探索，是否能够去构建一个微观的数字孪生的世界。21世纪是生命科学的世纪，也是材料科学的世纪。我们做材料的数字孪生，是用原子和分子去搭建出来的，那么我们用第一性原理可以计算出这种材料在未来使用的时候的物理属性，比如弹性、硬度、刚度等。

生命科学、材料科学、基础科学知识数字化

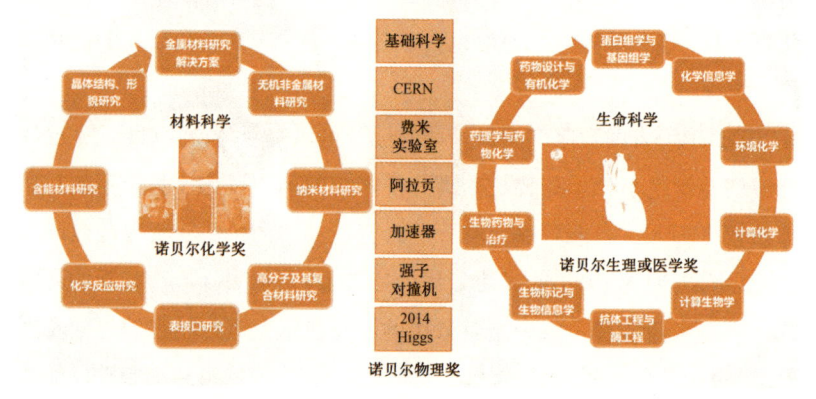

第 14 章
数字孪生：从细胞、心脏到新冠肺炎新药开发

材料科学在数字空间模拟数字孪生的尺度上，不仅对材料本身有贡献，对很多基础科学的研究也贡献。实际上，不仅工程行业、制造业等在应用数字孪生技术，获得诺贝尔物理学奖、化学奖、生理/医学奖的科学家们也在用数字孪生，还有一些基础科学的建设，比如裂变中子源、热核聚变的实验堆等也在用。这些原理的背后其实也是数字化的知识，或者说这些方面的基础科学的知识也在数字化，这些科学家也在用数字化技术。

安筱鹏：数字孪生：通向低成本的试错创新之路

无论原子维度上的汽车、飞机、建筑、城市，还是基因维度上的心脏、细胞、病毒、新药，数字孪生背后的本质是对我们所看到的物理世界规律的认知和掌握，然后把在虚拟数字世界里重现，如果没有这样的认知，不可能建立一个数字孪生的世界。

几年前诺贝尔化学颁给了三位科学家，评委会评论说："现在对化学家来说，计算机是同试管一样重要的工具。计算机对真实生命的模拟已为化学领域大部分研究成果的取得立下了汗马功劳。"过去，化学家们在做各种实验的时候，是在实验室里面拿着各种瓶瓶罐罐做的，而今天他们的一部分实验可以在计算机里面模拟、优化。计算机能真实模拟出复杂的化学分子模型，将更多的化学实验通过计算机模型来推演，可

数字基建
通向数字孪生世界的迁徙之路

以更快获得比常规传统实验更精准的预测结果，大大减少了烦琐而漫长的实验室操作。现在，全球化学家每天都在计算机上设计并进行实验，在计算机和试管前所花费的时间几乎相同。

由于数字技术，我们可以通过数字孪生压缩我们在原子维度的飞机、坦克、船舶、汽车的研发周期。对基因维度的药物研制来说，在分子的层面上也可以做一些模拟仿真，构造一套数字孪生的分子层面上的体系，然后加快新药的研制进度，缩短它的周期。数字孪生的病毒、细胞、药物、人体，在这样一个虚拟的世界里边，去做各种各样的实验，然后大幅压缩新药物的研发时间和周期，提高效率，这是非常值得期待的。如果说这样的技术能够在新冠肺炎疫情的特殊场景下早几年成熟的话，那么我们就可以更高效地开发出疫苗了。

第 14 章
数字孪生：从细胞、心脏到新冠肺炎新药开发

03
数字孪生的未来趋势

冯升华：数字孪生的关键词

未来数字孪生和新技术融合发展的关键词就是"体验"。我们的人生是由各种体验组成的，包括数字孪生的所有数字技术，都是为了改善人的体验。对企业来讲，也要把握"体验"这个关键词，你创造出来的产品要给人最好的体验，体验可能包括各个层面的，质量、使用的方便程度等。对建筑、城市的设计和管理者而言，要给居住在其中的人带来最好的体验。对医药生命科学行业来说，是造出最好的药物，有更好的治疗手段和方案，让病人得到更好的治疗、更好的手术效果，能够活得更健康。所有这些，一定要以体验为核心去做。相信在未来，体验会越来越好。

袁正刚：建筑行业数字化加速度发展

趋势一：数字化是发展方向，未来3~5年一定会有更多企业在数字化转型的道路上开花结果。

趋势二：建筑的数字化转型进程速度加快，不光在中国，在国外整个建筑行业的数字化都有了很多很好的实践，数字化的速度还会加快。

趋势三：数字化是多种技术的融合，能够有效提升建筑行业的竞争力。现在建筑行业有BIM、大数据、物联网、人工智能、VR、区块链等技术，以后可能还会出现新的技术，这些技术融合起来，跟建筑行业的管理和建筑技术充分融合，能够提升建筑行业的整体管理水平和竞争力。

所以，不是说我们选择做数字化或者不做数字化，数字化已经融入了我们每天、每个小时的工作中，融入了我们管理的每个细节。事实上，也只有这样的数字化才会真正帮到企业。数字化的大趋势不是站在企业数字化的远端去观看，数字化要真正跟企业充分地融合，跟行业融合发展，我坚信建筑行业的数字化的未来会很美好的。

第 14 章
数字孪生：从细胞、心脏到新冠肺炎新药开发

安筱鹏：数字孪生的美好未来

今天包括数字孪生在内的所有数字化技术集成起来，给我们创造的是一种认识和改造世界的新的方法论，是方法论的变革。我们在过去上千年的时间，尤其在工业革命以来，我们认识和改造世界有四种方式。

第一种方式是理论推理。依赖牛顿、爱因斯坦、霍金这样的天才科学家，通过他们发现的理论去认识物理世界。

第二种方式是实验验证。爱迪生发明电灯泡、汽车的碰撞实验、飞机的风洞实验，都是通过实验验证来认识和改造世界的。事实上，药物在虚拟世界里模拟、仿真、优化，在现实世界中也需要做各种各样的实验才有可能实现。

第三种方式是模拟择优，也就是基于数字孪生，仿真、模拟、优化认识世界的方法。无论是汽车、飞机、城市建设，还是药物疫苗和人体，都可以在虚拟世界里做仿真模拟，然后给出各种选择，进而选出最优方案。

第四种方式是大数据分析。比如新的药物研发过程中，找的靶点到底是什么，在那么多基因的分子层面去选择，通过人工智能的方式、大数据的方式去找到最优方案。

数字基建
通向数字孪生世界的迁徙之路

总之，由于技术的出现，人们认识和改造世界的方法论已经发生了巨大的变化。新技术不断集成，正在解构旧世界，建立新世界。物理世界、人的意识世界、数字世界，这三个世界的数据、信息在不断交互，使得我们去改造和认识世界的工具、方法、手段、模式更加多元、更加高效。我们能够基于物理世界的数据，在数字孪生的世界里去模拟、优化，再反馈回来。建设数字孪生的世界不是目的，目的还是要回到人，回到城市，回到我们的客户，这是最终的价值。我们也期待新的技术、新的产品，能够创造一个更加美好的世界。

人类社会认识客观世界的四种方法论

	理论推理	实验验证	模拟择优	大数据分析
典型案例	牛顿定律，爱因斯坦相对论	爱迪生发明灯泡	波音777研发周期缩短（基于模型的企业MBE）	GE风电设备提高2%发电量
发展时间	19世纪末发展到极致	16世纪文艺复兴开始萌芽，20世纪伴随着工业化进入鼎盛时期	20世纪80年代	21世纪初
关键要素	观察+抽象+数字	假设+实验+归纳	样本数据+处理模型	海量数据+大数据分析模型
主要特点	依赖于少数天才科学家，逻辑关系严密	依赖于设备材料的高投入，实验过程大协作、长周期，直观的验证结果	依赖于高质量机理模型的支撑，机理模型和实验验证的协同，投入少，周期短	依赖于海量数据的获取、计算、存储资源的低成本和高效利用，数据驱动的价值创造

扫码观看本期视频

冯升华
达索系统大中华区渠道技术总监、
达索系统中国大学校长

宁振波
中国航空工业集团信息中心原首席顾问、
中国船舶独立董事

安筱鹏
阿里研究院副院长

第 15 章

从波音777、飞豹到SpaceX：数字孪生的过去与未来

数字基建
通向数字孪生世界的迁徙之路

数字化领域任何新概念的涌现、传播都是一个大浪淘沙的过程。今天对数字孪生的理解需要更长的历史尺度。回顾过去 20~30 年制造业数字化的进程，数字技术带来的最重要的变革之一是，制造体系的信息通过什么载体、以何种方式在产品全生命周期的传递、共享，产品信息传递经历了从纸张、2D、3D 到基于 MBE。几十年来人们"一砖一瓦"地不断构筑数字世界，从部件到整机，从产品到产线，从生产到服务，从静态到动态，这一进程的加速也是基于传感、物联、通信、计算等新技术扩散和商业模式的验证。今天，数字孪生来到了一个新的时间节点，这是基于传感器、智能装备、工业软件、工业互联网、IoT、云计算和边缘计算的成熟和更广泛的商业实践积累。展望未来，数字孪生在未来 5~10 年将会持续加速和更广泛地普及。

宁振波：从二维到全三维数字化设计

人类工业发展史就是实物制造的历史。爱迪生试错法是根据设计蓝图和生产工艺造出实物产品，反复实验、测试，来满足产品的功能和性能的要求。计算机和软件的出现改变了这一切。1980 年，达索系统三维交互设计软件 CATIA（Computer Aided Three-dimensional Interactive Application）之父弗朗西斯·伯纳德（Francis Bernard）开

第 15 章
从波音 777、飞豹到 SPACEX：数字孪生的过去与未来

创了简单实体的曲面设计，造型功能强大，通过操作光笔在计算机屏幕上用三维曲面和简单的实体表现形式，远远超过了过去的表达形式，实现了世界工业设计从二维到三维建模的转变。

随后，达索飞机公司使用简单的三维建模技术生产了飞机零件、部件组件。1986~1990 年间，波音公司使用三维建模技术进行飞机装配验证，并形成大量初步规范来指导三维设计。随着计算机性能的提高、集成电路的小型化、计算速度的提高，UNIX 工作站出现，三维设计成本大幅降低。

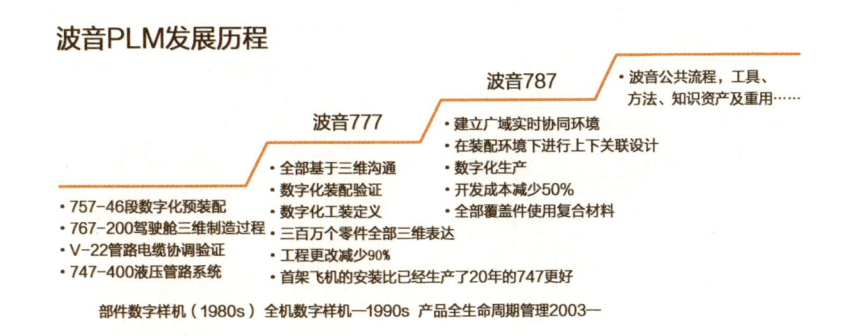

波音PLM发展历程

- 757-46段数字化预装配
- 767-200驾驶舱三维制造过程
- V-22管路电缆协调验证
- 747-400液压管路系统

波音777
- 全部基于三维沟通
- 数字化装配验证
- 数字化工装定义
- 三百万个零件全部三维表达
- 工程更改减少90%
- 首架飞机的安装比已经生产了20年的747更好

波音787
- 建立广域实时协同环境
- 在装配环境下进行上下关联设计
- 数字化生产
- 开发成本减少50%
- 全部覆盖件使用复合材料

波音公共流程，工具，方法、知识资产及重用……

部件数字样机（1980s） 全机数字样机—1990s 产品全生命周期管理2003—

1990 年，世界第一台数字样机波音 777 研制启动，波音 777 有结构件 300 多万个、标准件 1500 多万个，采用了全三维数字化设计技术和预装备技术，3000 台三维设计工作站做零件设计，200 台做装配设计，取代了过去新飞机设计需要成千上万人手工画图的繁重工作。全三维数字化设计，波音 777 飞机研制周期缩短了 40%，减少返工量 50%。低价生产出来的 777 的质量却比已经生产了 400 架的波音 747 质量还好，成为历史上最赚钱的飞机。

数字基建
通向数字孪生世界的迁徙之路

宁振波：新飞豹，中国第一架全机数字样机

1999 年，"新飞豹"飞机要求在两年半时间上天，研制周期只有常规进度的一半，传统的设计手段满足不了要求，最后决定采用全机三维数字化设计、数字化装配。从组织到技术的突破，使得新飞豹两年半的设计周期缩短为一年，新飞豹总计 54000 多个结构件，43 万个标准件，工程更改单由常规的六七千张减少至 1082 张。最终，新飞豹用两年半的时间飞上了天。新飞豹比波音晚了八年，但是飞豹的数字样机相当于波音 777 的水平。新飞豹是中国第一架全机数字样机，也是中国数字化的开始。

宁振波：数字孪生——猎鹰九号成功回收火箭的关键

2020 年 5 月 31 日，搭载两名宇航员的 SpaceX 猎鹰九号（Falcon 9）运载火箭成功升空，并在海上回收一级火箭。SpaceX 快速崛起的背

第 15 章
从波音 777、飞豹到 SPACEX：数字孪生的过去与未来

后，必须从数字样机说起。三维模型最重要的是机械结构，包括静力、动力、强度、疲劳等性能，以前这些性能是要靠实验来检测的，现在利用三维数字化模型进行虚拟实验。猎鹰九号成功的核心就是用三维数字化建模的方法注入材料数据，然后通过大量的仿真分析软件，用计算、仿真、分析或者虚拟实验的方法来指导、简化、减少，甚至取消物理实验，这就是**智能制造的高层次的问题**。

火箭发射出去后扔掉的捆绑火箭，靠爆炸螺栓和主火箭连接，到一定高度后引爆螺栓爆炸，释放卫星。贵重的金属结构爆炸后不能回收。马斯克想利用机械结构的强力弹簧弹射分离来回收火箭。历史上，美、苏都做过大量相关实验，但受限于早期计算机能力、软件、材料，都没有成功，但产生了大量的实验数据。马斯克弹射分离实验用大量 NASA 的公开数据在计算机上做建模仿真，分析强力弹簧的弹射、弹射螺栓，而且没有做一次物理实验，最后弹射螺栓分离成功，火箭外壳的回收大幅度降低了发射的价格。

冯升华：数字孪生技术的演变

2012 年达索系统推出三维体验平台（3D Experience Platform），除对产品本身可以进行建模，还能够对产品的外部环境和内部原材料构

数字基建
通向数字孪生世界的迁徙之路

成进行数字化。三维体验平台是一个实时在线、随时在线的版本,也是一个完整的协同版本。多专业专家在单一数据源、统一平台上协同工作。任何一个人做了任何动作,有权限的人都可以看到,并行评估、检查和协同,大幅提高了研发和生产效率。随着数字化技术的发展应用,创新形态发生了巨大变化,与客户共创、协同演变正在成为新的趋势。今天,无论是在飞机、汽车领域,还是其他消费品等领域,工业软件都是软件公司和用户之间协同创新的过程。从这个意义来讲,软件是用出来的。

宁振波:全三维建筑设计,创造敦煌奇迹

敦煌文博会建筑群从设计、建造到装修、维护,整个方式跟传统的建筑有很大的区别,它采用数字化的设计方式、数字化的金属结构远程建造的方式,用了 8 个月时间建造完成,这是我国第一个全维的数字建筑。短时间内在沙漠上平地建这么多的建筑,是有很大难度的,其中敦煌大剧院的设计要求是最高的,各种乐器要保证声响、音响、灯光效果,难度非常大。整个设计建筑过程采用了并行工程,设计和施工并行,边挖地基,边三维数字化设计,通过异地传输到酒泉钢铁厂生产钢结构三维设计模型。敦煌大剧院则是在计算机里对声音做了

第 15 章
从波音 777、飞豹到 SPACEX：数字孪生的过去与未来

仿真模型，在模型上做大量的声学分析、计算、仿真。敦煌文博会的建筑奇迹的核心，就是数字化的设计制造技术和异地设计制造的方式。项目的参与方都是按照三维数字化设计的模型来精准加工、精准装配到现场的现场制造。

冯升华：从 Thing 到 Life，数字孪生向生命科学演进

2020 年年初达索系统提出了数字化革命从原来物质世界中没有生命的 Thing 扩展到有生命的 Life。数字孪生作为一种技术，其应用从原子、器件可扩展到细胞、心脏、人体，未来整个地球和宇宙都可以在虚拟赛博空间重建数字孪生世界。数字孪生从过去飞机、汽车、船舶这样的高端复杂的制造业、制造这些产品的工业装备行业，发展到高科技电子行业的电子产品、日常生活消费行业的时装鞋帽、化妆品、家居家具、食品饮料等产品。在基础设施行业，数字孪生的应用也日益增加，包括铁路、公路、核电站、水电站、火电站、城市建筑乃至整个城市，以及矿山开采。

生命科学行业，将是数字孪生应用最重要的行业，包括数字化的人体、数字化的医疗设备、药物的研发、药物的临床测试等。从造物来讲，人体比机械复杂太多了。人体约有 37 万亿个细胞，每个细胞生命周期里又有 4200 万的蛋白质分子。人体数字化基于人体相关的多学科、

数字基建
通向数字孪生世界的迁徙之路

多专业知识的系统化研究，并将这些知识全部注入人体的数字孪生体中。人体数字化模型的好处在于能够降低各种手术风险、提高成功率、改进药物研发、提高药物的效用。**仿真在未来一定会是极致的个人化的世界。**

扫码观看本期视频

冯升华
达索系统大中华区渠道技术总监、
达索系统中国大学校长

宁振波
中国航空工业集团信息中心原首席顾问、
中国船舶独立董事

安筱鹏
阿里研究院副院长

第 16 章

传统企业如何
拥抱数字孪生世界

01

数字孪生与工业互联网不断融合

冯升华：数字孪生与人工智能深度结合，带来设计革命

　　数字孪生正在与人工智能深度结合，带来一场设计革命。数字孪生的技术手段，一是"所见即所得"，设计师设计产品用鼠标键盘在屏幕上划出所见。二是"所画即所得"，戴上VR眼镜和数据手套，用手比画就可以代替过去用手画图。三是"所想即所得"，这将是未来数字孪生的技术手段。"聪明帽"通过电极可以读取我们大脑里的想法，通过读取产品的设计就可以在电脑上直接呈现。**获得产品最佳设计方案的实现方式，依赖于人工智能的技术进行人机交互的创成式设计（Generative Design）。**

第 16 章
传统企业如何拥抱数字孪生世界

在过去几年时间里，达索系统和空中客车、波音公司，以及汽车行业的捷豹、路虎等做了大量尝试，已经实现借助于人工智能的手段对零件进行创成式设计。只要规定一个空间，这个空间里面零件要起到什么样的功能，可以用人工智能的方式去做剪裁设计，最终形成能够满足我们性能要求的合适的零件。最近 2～3 年我们开始尝试用人工智能的方式设计部件，再下一步就是用人工智能的方式把整车设计出来，这需要我们用 AI 学习以前所有车的所有知识，把这些知识都数字化。建立所有这些汽车产品的数字孪生之后，就可以做到利用人工智能的技术、机器学习的方法去掌握这些知识，然后自动生成一个完整的汽车。其他的产品也是一样的道理。这可能在未来的 5 年之内或者更长一点的时间内达到。

宁振波：管理创新：并行工程理念从工业过程引申到管理运营

敦煌文博会建筑项目从头到尾、从设计到建造是全三维的，开创了中国建筑的先河，无论是对建筑业还是制造业的数字化转型都有启示。敦煌奇迹在这么短的时间内完成，在于方法创新、工具创新、组织创新、管理创新。使用新技术手段，打通全链条、全生命周期的数据管理应用，从局部优化到全局，创造更大价值，这也是数字化的本质，如果仅在局部创造价值，成果是非常有限的。在组织管理模式上，敦煌成立并行工作组，从设计、建造并行，到运行、维护、服务、使用并行，工程预算、招投标、合同签订、审计并行。**整个项目的管理把并行工程的理念从工业过程引申到管理营运，这是极大的管理创新。**

冯升华：数字孪生提升体验感，体验是一切的开始

数字孪生承载着人类积累的产品知识、文明知识，各个行业的产品莫不如此。达索系统强调体验是一切的开始，利用数字孪生提升体验感，从高大上的航空航天、汽车工业的复杂产品，扩展到普通的制造业、建筑行业，再到微观的生命科学领域。所有的产品，最重要的是要给人带来最好的体验。人生其实就是一个完整的体验。每个产品的使用都是一个体验，各个行业都需要用数字孪生的方式做各种各样的仿真、优化，让我们的体验更好，生活更美好。事实上，当你发现一个产品的体验不好时，或者我们生活的体验不好的时候，你就发现了一个非常好的商机，只要把这个体验改造好了，那么你的竞争力就会提高。数字孪生是提升体验的工具和方法。

第 16 章
传统企业如何拥抱数字孪生世界

宁振波：正确理解数字孪生的对应关系

数字孪生要正确理解、正确应用。数字孪生，不是简单的一虚一实的对应关系。数字孪生的对应关系有 0 对 0、1 对 0、0 对 1、1 对 1、1 对多、多对 1、多对多。过去传统的物理主线（Physical Thread）的研制方式是根据蓝图来造产品，维护维修也是纸制的技术手册，靠人和零件来维护。现在数字化主线（Digital Thread）的研制方式，则是用现代设计方法，用大量软件进行设计仿真。如果把整个研制过程细化，30 吨的飞机研制的数字孪生就有几百万个对应关系。一个复杂产品对应的数字化孪生成千上万，不但有上下关联关系，还有前后关联关系。越复杂的产品，关联关系也越复杂。数字孪生对工业和制造业有重大的意义，可以指导我们在包括产品研制、工艺、生产制造、交付、运行维护和回收过程的全生命周期的能力提升。

冯升华：三维体验平台：设计、模型、制造融合

2012 年达索系统推出三维体验平台，把产品全生命周期里涉及的所有的模型都放在一个平台里，将设计、模型、制造融合在一起。事实

上，很多行业在三维体验平台里已经实现了设计、模型、制造的融合，一个数字孪生就可以解决设计的问题、几何的问题、多物理场的问题、多学科的问题，以及制造的问题、工艺的问题。这意味着只要是相同的数据，就不用出现不同的版本。以前设计用设计的版本，制造用制造的版本，仿真用仿真的版本，每次数据的传递都可能会带来数据的损失，集成版本的管理也会有很多的问题。有了三维体验平台，我们在一个数字孪生里就能解决从研发设计到仿真再到制造，都指向单一的数据源，而不产生冗余数据，这是三维体验平台的核心理念。

安筱鹏：数字孪生与消费新品开发

产品如何提高体验水平，如何精准锁定和表达客户的需求，对服装食品等日常产品尤为重要。2018 年和 2019 年，天猫新品占比已经到整个销量的 31%～36%，尤其美妆、食品、服装新品的比重越来越高，平均新品销量增速是销售增速的两倍多，是非新品增速的 3 倍。仅 2018 年新品增速就达到了 77%。过去 3 年左右的时间，无论是 3C，还是美妆、个护，开发周期也都在大幅度压缩，就和飞机这样的复杂产品研制周期被压缩一样。这背后重要的原理就是企业要精准地锁定用户和表达用户需求，然后按照用户需求创新出一个新的产品，不是把它在物理世界实际生产出来，而是把这个生产流程放在平台上去做模拟，让大家去点击测试，然后再生产出来，精准地派样给消费者体验，这样，过去

第 16 章
传统企业如何拥抱数字孪生世界

这些产品两三年的研发周期就被压缩到了一年甚至半年的时间，大幅提高效率，同时也可以精准测算这些产品的销量。事实上，这是一种新的商业模式：在数字世界中对企业的生产流程进行模拟、优化，降低成本，提高效率。

新品创新：从"试验验证"到"模拟择优"

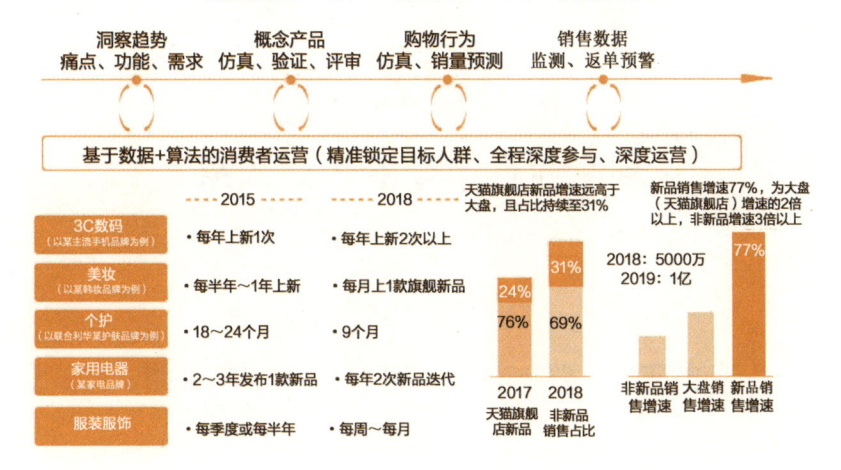

	2015	2018
3C数码（以某主流手机品牌为例）	每年上新1次	每年上新2次以上
美妆（以某韩妆品牌为例）	每半年~1年上新	每月上1款旗舰新品
个护（以联合利华某护肤品牌为例）	18~24个月	9个月
家用电器（某家电品牌）	2~3年发布1款新品	每年2次新品迭代
服装服饰	每季度或每半年	每周~每月

洞察趋势：痛点、功能、需求 → 概念产品：仿真、验证、评审 → 购物行为：仿真、销量预测 → 销售数据：监测、返单预警

基于数据+算法的消费者运营（精准锁定目标人群、全程深度参与、深度运营）

天猫旗舰店新品增速远高于大盘，且占比持续至31%
2017 天猫旗舰店新品 24% / 76%
2018 非新品销售占比 31% / 69%

新品销售增速77%，为大盘（天猫旗舰店）增速的2倍以上，非新品增速3倍以上
2018：5000万
2019：1亿
非新品销售增速 / 大盘销售增速 / 新品销售增速77%

02

制造业数字化的美好未来

安筱鹏：数字孪生，通向零成本试错之路

数字孪生技术和工业互联网不断融合，推动制造业快步走在数字化转型发展的大道上。数字孪生技术只有和行业结合在一起，才具有真正的生命。制造业追求不断逼近零库存，数字孪生最大的价值，就是使制造业走上零成本试错之路。我们大量的工艺、产品、开发都是不断试错、不断调试的过程，数字孪生给整个制造体系提供了一种新的方法论，从而降低了创新的成本，提高了创新的效率。这个方法论使我们的制造业企业走在了零成本试错大道上。

第 16 章
传统企业如何拥抱数字孪生世界

安筱鹏：数字孪生创造美好未来

经过过去 20～30 年的发展，不同的技术不断集成，包括软件技术、计算机，以及大量的实验数据本身的积累，使得仿真技术更加成熟，成本在降低，效率在提高，应用也更加广泛。在工业体系中，除了制造的复杂产品，日常产品也在使用数字孪生的技术和方法，这种技术和方法正在各个行业普及，但是总体上来看还处在起步的阶段。因为这个技术真正要做到跟物理世界的产品一一对应、实时映射、快速优化迭代，可能还需要走很长的时间。

数字孪生带来了工具革命、决策革命、组织革命。工具中看得见的"硬装备"，各种各样的复杂的、有形的硬装备、机器人、数控机床、AGV 小车、切片机的智能化水平越来越高，帮助我们不断提高产品生产的精度，然后降低成本，提高效率。工具革命的"软装备"，各种各样的软件是我们看不见的工具。这种软装备和硬装备的结合，给人类社会改造自然创造了新的方法论，从一百多年前爱迪生的实验验证，演进到今天的模拟择优，这仅仅是一个开始，未来的 5～10 年，数字孪生技术的应用会更加广泛和普及。

扫码观看本期视频

刘 松
原阿里巴巴集团副总裁

谈民强
东风汽车集团有限公司技术中心主任

李克强
清华大学车辆与运载学院教授、
汽车安全与节能国家重点实验室主任

邱 巍
驭势科技合伙人、首席生态创新官

张永伟
中国电动汽车百人会副理事长兼秘书长

第 17 章

后疫情时代汽车行业的智能化之道

数字基建
通向数字孪生世界的迁徙之路

汽车行业正在面临前所未有的改变，关键技术是变革的驱动因素，同时城市化发展、人类的工作方式和生活方式的变化，以及法律政策，都对汽车行业的发展有着重要的影响。汽车产业的未来应如何发展？大变革之下，车企路在何方？

从全球汽车市场来看，持续数十年的传统汽车的销量增长陷入停滞，然而汽车行业的增长仍会继续，并会迎来重大的结构性转变。电动化、自动驾驶、智慧出行正在改变着汽车行业，处于转型中的传统车企正在线上线下融合发展，新技术公司作为行业的新势力正在跨界融合。放眼未来，汽车销量的增长点将在传统车企不具备竞争优势的领域，特斯拉的成功对中国国内汽车市场冲击之余，也给中国企业很多启示。中国在这场历史大变革中依旧具有优势。

智能汽车和智慧出行正在重塑汽车行业。智能网联汽车正大踏步向我们走来，未来智能汽车将成为新一代的移动智能终端。在前所未有的大变革中，汽车行业的未来充满希望。

第 16 章
传统企业如何拥抱数字孪生世界

安筱鹏：数字孪生创造美好未来

经过过去 20~30 年的发展，不同的技术不断集成，包括软件技术、计算机，以及大量的实验数据本身的积累，使得仿真技术更加成熟，成本在降低，效率在提高，应用也更加广泛。在工业体系中，除了制造的复杂产品，日常产品也在使用数字孪生的技术和方法，这种技术和方法正在各个行业普及，但是总体上来看还处在起步的阶段。因为这个技术真正要做到跟物理世界的产品一一对应、实时映射、快速优化迭代，可能还需要走很长的时间。

数字孪生带来了工具革命、决策革命、组织革命。工具中看得见的"硬装备"，各种各样的复杂的、有形的硬装备、机器人、数控机床、AGV 小车、切片机的智能化水平越来越高，帮助我们不断提高产品生产的精度，然后降低成本，提高效率。工具革命的"软装备"，各种各样的软件是我们看不见的工具。这种软装备和硬装备的结合，给人类社会改造自然创造了新的方法论，从一百多年前爱迪生的实验验证，演进到今天的模拟择优，这仅仅是一个开始，未来的 5~10 年，数字孪生技术的应用会更加广泛和普及。

扫码观看本期视频

刘 松
原阿里巴巴集团副总裁

谈民强
东风汽车集团有限公司技术中心主任

李克强
清华大学车辆与运载学院教授、
汽车安全与节能国家重点实验室主任

邱 巍
驭势科技合伙人、首席生态创新官

张永伟
中国电动汽车百人会副理事长兼秘书长

第 17 章

后疫情时代汽车行业的智能化之道

17

数字基建
通向数字孪生世界的迁徙之路

汽车行业正在面临前所未有的改变，关键技术是变革的驱动因素，同时城市化发展、人类的工作方式和生活方式的变化，以及法律政策，都对汽车行业的发展有着重要的影响。汽车产业的未来应如何发展？大变革之下，车企路在何方？

从全球汽车市场来看，持续数十年的传统汽车的销量增长陷入停滞，然而汽车行业的增长仍会继续，并会迎来重大的结构性转变。电动化、自动驾驶、智慧出行正在改变着汽车行业，处于转型中的传统车企正在线上线下融合发展，新技术公司作为行业的新势力正在跨界融合。放眼未来，汽车销量的增长点将在传统车企不具备竞争优势的领域，特斯拉的成功对中国国内汽车市场冲击之余，也给中国企业很多启示。中国在这场历史大变革中依旧具有优势。

智能汽车和智慧出行正在重塑汽车行业。智能网联汽车正大踏步向我们走来，未来智能汽车将成为新一代的移动智能终端。在前所未有的大变革中，汽车行业的未来充满希望。

第 17 章
后疫情时代汽车行业的智能化之道

01

张永伟：中国汽车市场发展和产业变革的方向

经历了 2019 年汽车产销下行和 2020 年的新冠疫情，产业界最关心的是汽车产业该如何发展，以及大变革之下，车企路在何方？

产业发展，未来可期

中国汽车市场已然领跑全球，年销售规模超过两千万级。这两年的下行态势是否属于峰点后的萎缩？对产业未来的判断该从何处着眼？

目前主流观点认为中国汽车市场未来仍潜力巨大，短期调整不过是阶段性现象。虽然 2018 年汽车销量开始下行，但销量还在 2800 万辆左右，仍居世界第一。虽然从长期来讲，如果中国汽车保有量达到发

数字基建
通向数字孪生世界的迁徙之路

达国家水平，汽车跑得快，交通跟不上，会出现灾难性的状况，但是从其他国家走过的路程来讲，现在我们千人汽车保有量170～180辆，而与我国人均GDP水平相当的国家有些超过了400辆，美国千人汽车保有量更是800多辆。从最简单、最传统的计算方法来看，中国市场增长空间还是巨大的。即使保有量翻一番，潜力也非常大。

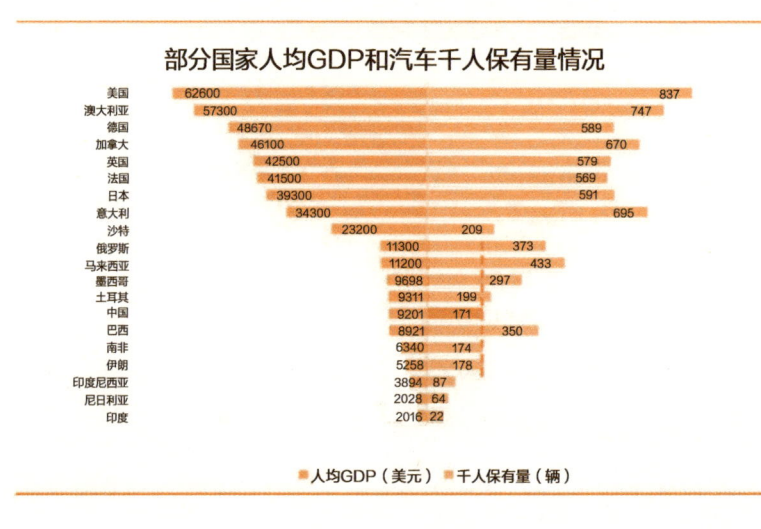

我国汽车保有量及保有增速情况

年份	保有量（亿辆）	保有增长率
2013年	1.37	13.2%
2014年	1.54	12.4%
2015年	1.75	13.6%
2016年	1.95	11.4%
2017年	2.17	11.3%
2018年	2.4	10.6%
2019年	2.6	9.2%

部分国家人均GDP和汽车千人保有量情况

国家	人均GDP（美元）	千人保有量（辆）
美国	62600	837
澳大利亚	57300	747
德国	48670	589
加拿大	46100	670
英国	42500	579
法国	41500	569
日本	39300	591
意大利	34300	695
沙特	23200	209
俄罗斯	11300	373
马来西亚	11200	433
墨西哥	9698	297
土耳其	9311	199
中国	9201	171
巴西	8921	350
南非	6340	174
伊朗	5258	178
印度尼西亚	3894	87
尼日利亚	2028	64
印度	2016	22

第 17 章
后疫情时代汽车行业的智能化之道

汽车市场结构发生了变化，正在从城市向乡村扩展和转移。北上广一线城市的增量主要是更换新车，北京 2019 年 80 万辆车中换代更新的大概是 60 万辆，新增的大概也就不到 20 万辆。新增的市场主要在中小城市，甚至向农村倾斜。中小城市和农村的机动化需求迫切，甚至出现井喷式增长。据测算，到 2030 年，农村机动化出行会使农村家用汽车保有量接近甚至超过 7000 万辆，成为拉动新增市场的火车头。

所以从长期来讲，中国汽车市场还有一个增量不断放大、保有量不断增长的过程。

企业应对产业变革的思考

企业都在思考如何应对产业的变化，特别是在经济下行的时候，电动汽车公司还处在调整期，尽管电动化的方向是确定的，但是电动化真正的竞争刚刚开始，竞争激烈，大浪淘沙，在竞争中会有一批优胜者快速成长起来，整个行业的发展质量实际上是在提升的。对新能源汽车来讲，成长起来的企业发展水平提升了，新产品有了极大的改善。这是行业痛苦转型之后进步的表现。

电动化是产业转型的第一步，而智能化出现了加速发展、提前到来的态势。2020 年新车几乎都必须具备不同的智能化的配置。一些企业还没有完成电动化转型，现在又必须思考怎么加速智能化。如果企业在这个时期没有完成智能化的部署，赶不上这一波的变革，可能就会在这两轮转型中被甩在后面。所以我们看到，不管是传统的汽车公司，还是

数字基建
通向数字孪生世界的迁徙之路

新的进入者，大家都是在电动的基础之上，加快部署智能化的配置。智能化的等级是不一样的，对于企业来讲，只能不断强化，而不应该放弃。

从社会角度来讲，消费者首先关注的是车的智能化水平。当然智能化有低成本的智能化，有高成本的智能化，满足的是不同的市场需求。从投资者的角度来看，一个企业具备电动化能力之后，又具备智能化能力，投资者对它的评价会非常高。特斯拉市值已经达到了7000亿美元，超过了传统汽车企业上百年的积累。但进入智能化之后，产业生态就发生了重大变化。迎接智能化必须靠跨界，看看哪个企业能够和不同领域的企业尽快握手、尽快形成合作，形成新的创新，那么这个企业智能化的速度就会明显加快。封闭的思路或者传统的单打独斗的思维，只会制约企业自动化的思想和智能化的创新道路。

这场产业的变革，对中国汽车企业、对全球汽车企业都是一次新的挑战，也是一个新的机会。机会是公平的，2020年是电动化的竞争年，也是智能化的启动年。企业需要深度思考，直面产业的变革和产业生态的重构。

第 17 章
后疫情时代汽车行业的智能化之道

02

谈民强：打造无缝化移动服务的生态新模式

新一代人工智能技术加速融入汽车产业，助力高质量发展。东风公司一直在努力探索和实践。

汽车行业发展变革洞察

人类出行方式正在向多元化、高效化、个性化方向发展，未来将提供以客户为中心的整体解决方案，多种交通方式融合衔接。汽车行业该如何在变革的浪潮中求发展？未来的市场空间到底在哪里？汽车诞生至今始终是新技术大量搭载应用平台，始终处在创新发展的风口。近两年，智能化、网联化、电动化的趋势正在合力推动汽车产业的变革，智能网联汽车将引领、带动新一轮产业变革。未来，智慧汽车和智慧出行将是两大发展方向。

数字基建
通向数字孪生世界的迁徙之路

2020 年 2 月，中国发布智能汽车创新发展战略，提出到 2025 年实现有条件自动驾驶的电动汽车，智能汽车达到规模化的生产。

中国发展智能汽车优势凸显：产业体系完善，品牌质量逐步提升，关键技术不断突破；路网规模、5G 通信及北斗卫星导航定位系统国际领先，基础设施保障有力；国内市场潜力巨大，新型城镇化建设快速推进。

东风智能网联发展实践

面对行业多元化竞合大势，东风战略定位在为用户提供全方位优质汽车产品和服务，其产品的布局就是智慧汽车，服务的布局就是智慧出行和智慧物流。发展智慧汽车首要的出发点是场景驱动。基于不同的场景需求，驱动可以落地的产品应用，推进智能网联技术成熟度不断演进，技术应用不断迭代。面向未来的商业化应用，东风公司已形成了两条技术路线，一是渐进式 to C 端的量产车，特别是乘用车；二是跨越式 to B 端，限定场景应用。

第 17 章
后疫情时代汽车行业的智能化之道

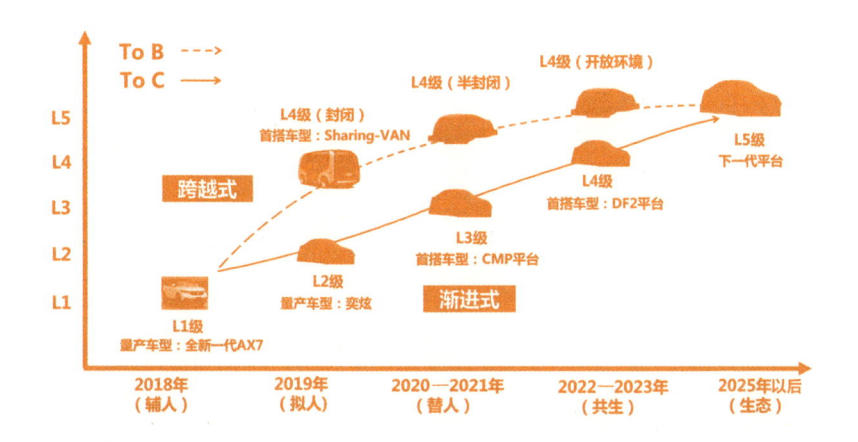

东风公司积极实践自动驾驶车路协同应用场景，推进智能网联汽车技术验证和商用的示范。Sharing-VAN、Robo-Taxi、自动驾驶物流车队、自动驾驶环卫车等 36 辆智能汽车已经在 2019 年 10 月进行了示范运营，并持续进行测试和数据收集。东风公司也积极参与各地示范区的运营测试，不断构建和丰富自身实验验证的能力。襄阳国家智能网联汽车自动驾驶封闭场地测试基地将建成覆盖 140 余种测试的场景、5G 全覆盖、占地 5680 亩的高度集中的专业测试场。

东风公司正在构建智慧出行的生态圈，已经布局了东风出行、T3 出行等平台，坚持差异化的定位，资源协同共享；同时，积极参与智慧交通城市的建设，构建人车城市全联网应用场景。

无缝化移动服务新生态

利用 5G+智慧汽车，东风城镇化智慧建设方案 Sharing City，致

数字基建
通向数字孪生世界的迁徙之路

力于构建无缝化移动服务的智慧城市枢纽。其以 Sharing-X 移动服务平台为基础，以满足用户需求为核心，为用户提供全方位的汽车产品+移动服务的多交通模式整体解决方案，利用 5G 通信和智能汽车等技术手段，坚持人本化、生态化、数字化三大价值导向，以场景为创新方向，打造以高品质生活为主轴的"点—线—面"无缝化移动服务生态新模式。

东风 Sharing City 示范应用方案特色鲜明：一是城镇道路将为智慧汽车提供专用道路和人车分流，促进智能化、生态化发展；二是汽车形态将发生重大的变革，由传统汽车向智能化多用途移动的形态发展；三是端、管、云、平台相结合的四层架构，推动移动服务、公共服务、产品创新和商业创新；四是数字管道 5G 为虚和物理管道、智能汽车为实的虚+实的双管融合，实现物理世界网络空间的和谐统一。

基于东风全方位的汽车产品+移动服务的多交通模式整体解决方案，用户可以实现越来越多的特征场景，如无人微公交进社区，智能预约定制化的公共出行服务；移动商业服务进社区，提供各类移动服务车辆；无人快递配送进社区，实现在途动态配送；无人移动医疗服务站将居民健康大数据通过智能家居系统与城市医疗系统、政府的医疗系统对接，使咨询、保健、就诊、检查等医疗需求实现在社区落地；数字化中心实践社区管理，实时动态及政务服务进社区，助力智慧社区运行的效率；无人安防巡逻实现多种安全监测功能一体化，以及无人超市等多种便利生活场景。

智慧社区建设正在加速落地，跨界融合随时随地在发生，东风无缝化移动出行服务，承载着对美好生活的向往，正跃然而来。

第 17 章
后疫情时代汽车行业的智能化之道

03

李克强：汽车智能化发展亟须云控网联化赋能

汽车智能化的发展过程中，离不开网联化，二者密不可分，网联化有很多实现路径，其中云控平台的应用，使得汽车的智能化和网联化有机融合成一体，促进大系统综合性能的有效提升。

智能网联汽车发展动态

随着汽车智能化技术的发展，智能网联汽车正大步向我们走来。

汽车智能化技术发展有两个维度，一个是单车的智能升级，一个是车与其他交通要素的网联，即自动化和网联化，两者融合会形成新的产

数字基建
通向数字孪生世界的迁徙之路

品架构，包括产品的定义、产品的研发、产品的制造、产品的使用模式都会发生根本改变，这便是我们所称的智能网联汽车。

智能网联汽车发展过程中面临着下面几个问题和挑战：

首先，智能汽车和交通系统的发展面临诸多挑战。自动驾驶只控车不控路，单车智能从感知可靠性到成本、算力功耗等都有一系列约束，而且自动驾驶的安全实施与商业运营面临挑战；智能交通管理只控路不控车，仅仅是从交通基础设施的角度来去做分析判断，道路资源与出行需求无法匹配，个体与全局无法协同，进而无法从根本上提高交通安全性和通行效率。

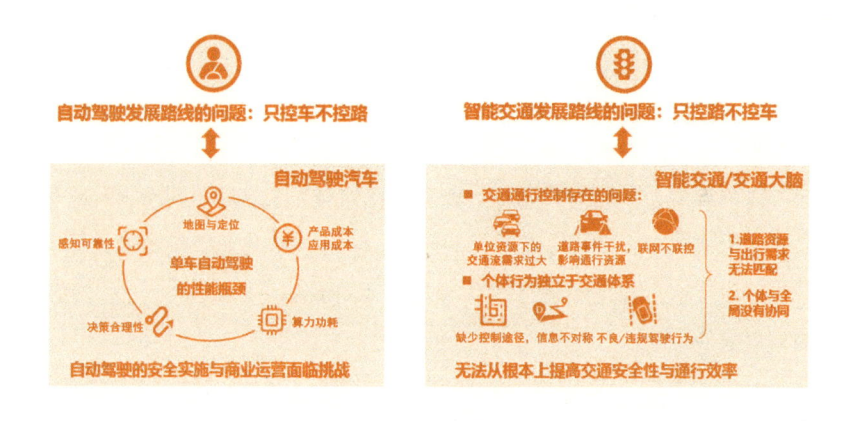

其次，车路协同与交通服务产业发展面临挑战。交通应用亟待解决烟囱式的封闭产业生态，解决各自业务数据封闭割裂，以及信息标准化体系缺失。车路协同必须打破这种区域数据和业务数据的孤立，才能实现广域应用。

第 17 章
后疫情时代汽车行业的智能化之道

最后,是应用生态的挑战。如何打通底层,形成一个整体,实际上也是从技术到管理再到运营模式上的诸多挑战。

国际上各个国家和地区也在做各种各样的探索,比如,欧洲已经明确提出 ISAD,即基于数字化基础设施支撑的网联式协同自动驾驶,其中描述了信息化基础设施能够多大程度地支持自动驾驶,怎么能做到协同的感知、协同的决策、协同的动态数据交互。欧洲 2019 年公布的这个 ISAD 中的 A-B-C 三级,可以对应我国 2016 年《智能网联汽车技术路线图》中网联化等级的 3-2-1 三级。相比较而言,我们的分级更有特点,因为我们的分级不仅是针对固定交通基础设施的,还包含了各交通要素之间的交互水平分级,包括动态的数据交互、协同感知、协同决策、协同控制的分级,这一点非常重要。

网联云控平台

作为关键的概念性技术,云控平台技术应当有所突破。

支持智能网联汽车的基础设施,关键一点在于云控基础平台。大家不太能够把信息物理系统和道路交通车辆联系到一起,所以才需要加上云控基础平台的概念,即在低时延的信息交互基础上,把车辆、道路与信息物理系统协同一致。现在政策层面和产业层面,大家已形成共识,即打通车路的隔阂,扩大协同的范围,这就包括协同的感知预警、协同的决策引导、协同的控制管理。

云控系统打通了各个中间数据平台，将云端、边缘端和车端融为一体，来做协同的感知、协同的决策控制。云控系统的本质属性是智能网联汽车的物理信息系统（CPS）也好，是数字孪生系统也罢，关键在于高可靠、低时延的映射系统。云控基础平台应该是统一协同的，是一个国家基础信息的基础设施。

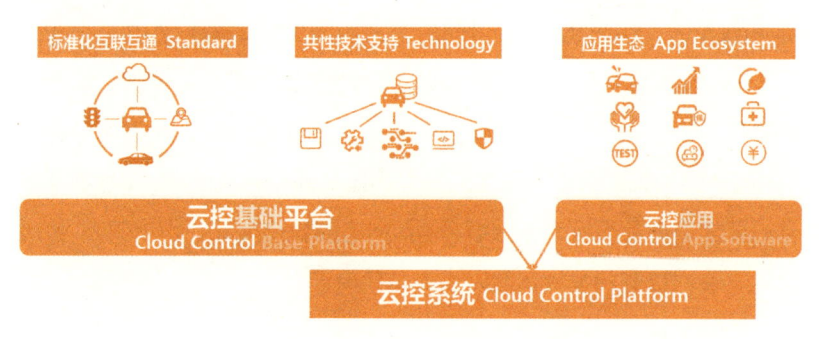

云控基础平台的产业实践

云控系统，即智能网联下车、路、云融为一体的控制系统，打造一体化协同感知、决策与控制服务。其产业示范可应用于如道路交通的边缘协同感知与广域信息融合、车路云一体化协同控制等。

目前各地争相建设的智慧城市、智能汽车与智慧交通服务，包括车路协同、车企服务、出行服务、公安交管、通行停车等，都是车、路、云一体的。未来，这种车、路、云一体化还需要不断升级完善，要打通底层基础层，在应用层开放竞争。

基于云控系统规划 5G 等新型基础设施的建设与实施方案，形成自

第 17 章
后疫情时代汽车行业的智能化之道

动驾驶、智能交通、智慧城市融为一体的服务，这离不开真正意义上的云控基础平台的建设。云控基础平台是智慧城市的基础设施，是真正意义上的数字化底座，从而实现全要素网联化的感知、人车路交互行为的认知、人车路协同的控制、大数据驱动的群体决策。只有基于这样的云控基础平台，才可以使整个道路交通系统发展得更好。

04

邱巍：后疫情时代无人驾驶技术、产业和资本的发展路径

无人驾驶行业两大现象级公司

无人驾驶行业有两大现象级公司：特斯拉和 Waymo，在攀登无人驾驶行业高峰的进程中，他们各自代表着两种典型风格。技术的变革，可以成就资本市场巨大的想象空间。Waymo 目前估值是 300 亿美元，而特斯拉市值逼近 7000 亿美金，超越了几乎所有的汽车企业估值的总和。而两年前，特斯拉估值是 600 多亿美元，Waymo 估值则达 1700 亿美元。

到 2020 年 4 月，Waymo 已累计完成了 3200 万公里的路测水平，

第 17 章
后疫情时代汽车行业的智能化之道

它的仿真里程超过了 100 亿英里。Waymo 的测试专注于乘用车市场，持续的巨资投入、难以立即启动的商用，令前路充满太多不确定性。因为今天技术是需要更多的数据和算法去支撑的。Waymo 已引入多家外部战略投资方，希望从外围探索出新的商业化的路径。而与沃尔沃的牵手，以及之前同捷豹、路虎、克莱斯勒的合作，均是对无人驾驶出租车出行服务、货运服务这样一种商业化跟技术循环发展道路的探索。

特斯拉走的是无人驾驶的另一条路，马斯克的扎实做法使特斯拉得到了资本市场的高度认可，尤其是从中国市场收获了红利，特斯拉的自动驾驶之路让大家看到了更多的希望。马斯克意识到电动汽车是超级复杂的事情，需要循序渐进，他在 2006 年制定了一个分三阶段的十年计划。第一阶段是打造一台昂贵、小众的跑车，Roadster 定位高端品牌，服务超级土豪，以实现第一步的技术梦想；第二阶段是打造一个价格适中的 model x，踏上量产之路，实现技术、成本、客户体验的综合平衡，稳步走向无人驾驶的山巅；第三阶段是打造一台更具经济性的畅销车型，我们已经看到了它巨大的成功，就是 model 3。

特斯拉给国内汽车企业带来的挑战

特斯拉对我国国内汽车市场的冲击会越来越大，中国企业要考虑的是如何去应对。特斯拉让资本市场看到了另外一个更大的想象的空间。马斯克在 2016 年提出下一个 10 年计划，特斯拉在今天拥有巨大市场保有量的情况下，根据它今天的技术特性，每辆车都是它的一个数据算法验证的点。这样的数据底蕴、客户底蕴，使得特斯拉在无人驾驶上走得扎实而长远，这也是我们全行业需要去思考和借鉴的。

中国市场的场景优势

从中国市场角度看，我们的场景多，可以践行各种各样的模式，逐步实现商业化的落地。

这些场景在哪里呢？如果以 1~3 年的时间节点来看，那就是在各类垂直的细分领域，如物流，包括工厂的物流及园区的物流和配送，这些都是千亿级的市场规模；如果在 2~3 年这个尺度上去看，就是乘用车局域化的 L4 的应用，像大家都在谈论的停车场自动代客泊车，加上一些高级别的辅助驾驶等；如果以 5 年的行情来看，那就必然是干线物流这样的巨无霸领域了。从技术的发展，从商业的经济性、可执行性层面，从法律法规的角度，我们能够获得很多有价值的认知。

此外，车路协同也可以看作新基建的红利。我们不仅靠单车的智能，我们也有车路协同、中心端的智能来去保障。从系统的层面去看，我们对中国无人驾驶行业的未来还是很乐观的。

过去 30 年，驭势科技一步一个脚印地做了不少场景，如机场物流、园区物流等。机场物流痛点足够大，客户支付能力足够强，是我们的超级用户，可以让我们把早期昂贵的技术在这个地方得以践行，去完善我们的技术体系。

第 17 章
后疫情时代汽车行业的智能化之道

进入工厂物流领域，无人驾驶的技术结合数字化工厂的发展趋势，能够提升产线的效率、降低产线的运营成本。尤其在疫情期间，整个工厂人员到位情况很不理想，但又要保障生产，这时候无人化就体现出了独特的优势。2020 年一季度，园区物流、工厂物流这部分订单逆势增长，超出了我们的预期。

在做垂直领域的同时，驭势科技不是单打独斗，也同主机厂商合作伙伴们一起开展了更多探索，如自动代客泊车，最后一公里的无人驾驶，高级别的无人驾驶等，进展还是不错的。日积跬步去突破，无人驾驶的珠峰在前，我们一直努力与合作伙伴共同攀登。

05
智能汽车的技术趋势与产业未来

刘松：未来 10 年，中国可能成为汽车产业重大变革的主场

未来 10 年，整个汽车行业会有超过过去 100 年发展的重大变革，这个变革的主场很有可能在中国。从中国汽车消费升级的保有量，到叠加电动和智能两化融合的趋势，以及商业模式的创新，无论是从 C 端的用户需求，如什么时候该买电动车、什么时候充电桩足够，到 B 端如物流工厂、封闭景区的运用，都能感知这场变革的来临。智能汽车创新发展已经上升为国家战略。电动车加智能车也让汽车人和 IT 人进入全新融合的轨道。汽车元器件成本大幅降低，也使得汽车更向软件定义、乐高化、模块化方向发展。这是我们看到的整个汽车产业的未来。

第 17 章
后疫情时代汽车行业的智能化之道

谈民强：无人驾驶汽车的发展路径

从技术趋势上判断，无人驾驶乘用车真正实现商用化、上路，乐观估计要 5~10 年。在未来 5 年内，我们可以遇见各种场景的自动驾驶。

智能汽车产业有两条发展路线：渐进式和跨越式。跨越式的发展就是场景化的应用，例如，社区化的可点单式的网约车、封闭景区的无人车等。而乘用车真正能做到无人驾驶（特别是上路），是渐进式发展。无人驾驶汽车不仅是技术的完善过程，还要有数据的积累过程，更要有消费者心理认知和接受的过程，只有这样，相关的法律法规才能落地。此外，如果仅仅技术上可实现、但那种实现不是老百姓能用得起的，也是没有意义的。成本要可控，就像特斯拉所走的路。

邱巍：垂直领域无人驾驶技术的应用

3~5 年内，垂直领域的无人网约车，像景区这样相对封闭的有边界的特定场景都能够开始运用。相对封闭的有边界的领域，特定场景下

数字基建
通向数字孪生世界的迁徙之路

无人驾驶，把全城市范围的高度不确定性压缩到了一定的范围，同时因为有边界，管理和服务都可以跟得上，能够避免单车可能出现的一些问题，而且网联可以发挥一定安全防范的作用。这样的应用一般地方买单，比如东风的 Sharing-VAN 的应用，作为公益性质的车辆，由政府和部分老百姓去买单，在一些相对固定的线路或园区内提供服务或提供以娱乐为导向的服务。此外，这种垂直领域的无人驾驶也可以用于提供 VIP 高端服务。

李克强：云控平台系统的技术演进

云控平台系统应用的阶段性演进，包括场景和技术两方面。技术的演进，首先对整个大系统的定义一定要清晰，要真正意义上把云控基础平台的底层应用层打通，底层平台包括边缘、区域和中心。边缘实际上和基础设施有关系，5G 标准出台，高可靠的通信功能突破，自然就会把边缘问题解决，剩下的就是在复杂工况下怎么做融合的感知和融合的决策控制的技术突破。在这样的情况下，封闭园区、半封闭园区的场景是相对简单的，我们只要硬件过关，再去突破软件，就可以实现云控平台系统的产业应用。在更大范围的应用，就涉及整个国家层面的战略考虑了。这里面不仅有成本的问题，更重要的是还有数据管理的问题，哪些数据是必须要交互的，哪些是属于企业保密的。

第 17 章
后疫情时代汽车行业的智能化之道

云控平台会跟随时间的演进而发展，现在硬件没问题，如果软件得以突破，将极大地推动未来云控平台的发展。

张永伟：云控平台的阶段性发展

云控平台的路径建立，首先是平台覆盖范围的问题，第一步是发展城市平台，未来可能是国家平台。其次是平台建设标准问题，既要考虑无人驾驶车辆，还要考虑非智能车辆、有人驾驶的智能车辆。政府决策要服务于无人驾驶，更要服务于法律价值。云控平台不可能一下子建成全国统一的整体平台，一定要保障各部门各企业的逻辑统一、标准统一。要从长远来看，要融合互联，能够打通数据，融合成有一致标准的统一平台。这在通信领域是有经验可寻的。

数字基建
通向数字孪生世界的迁徙之路

06

消费新生代推动智能汽车发展

谈民强：智能汽车市场年轻消费者需求分析

　　现在，每家车企都在做客户需求的调查分析、客户画像的数据分析，研究新生代尤其是 90 后、00 后的需求。研究表明，好看、好玩、好用的消费需求趋势相对明显。客户不太谈车辆的好用，也就是车辆本身的性能状况，特别是 90 后关注更少，因为大家普遍认为现在的车性能都已经基本满足，对于泛 90 后、90 后、00 后，更看重车的好看和好玩。在吸引客户体验上，车的好看与好玩是有关联的。好看既包括外观颜值，也包括炫科技，客户为科技感买单的特别多，受到特斯拉及从IT 业进来的厂家的影响，车企热衷 15 寸大屏甚至双连屏。传统的汽车厂家在做科技感方面不如特斯拉这样的厂家。

　　我们调查车联网发现，对智能化的体验，过去导航使用多，现在年

第 17 章
后疫情时代汽车行业的智能化之道

轻消费者更重视娱乐性和便捷性，使用最多的功能是音乐，比例达到 75%～80%，客户希望随心所欲地听歌，下载和切换要快。车联网的技术发展快速，未来智能汽车强调全方位即时性消费体验。现在汽车行业讲的是"消灭你的手机"，就是说用户不用把手机拿出来，汽车的屏又大，交互又好，甚至可以点单。这比拿出来用手机便捷多了。就现在的汽车智能化而言，好玩更吸引年轻客户，而智能网联无人化还没有特别明显的趋势。智能网联现在更多的是从安全角度考虑，有安全需求的人是追求科技的，但这批人不一定是年轻人。

张永伟：新生代定义汽车网联化移动体验

未来 10 年汽车的体验，很有可能会由中国的 90 后、00 后来定义。中国的年轻消费者，包括创业公司，会给未来汽车网联化移动体验带来新的创造。了解 90 后、00 后新生代用户需求，对车企技术决策非常重要。事实上，相比于跨国企业，本地公司对中国买车群体的了解更加深入，这给了我们一个优势。90 后、00 后给中国造车公司提供了一次非常好的、能够领先的体验创新，所以他们的力量不仅创造了需求，还给了中国汽车公司机会。

能不能满足 90 后、00 后的需求，一定要让最懂这些需求的力量来形成决策。有个车企做了"三个 3"的发展策略：1/3 的研发人员一定是年轻一代，1/3 的人要在市场部门，知道怎么卖给新生代，1/3 的人是企业高层，让公司更加充满面向未来的文化。这样才能够造出满足 90 后、00 后的车。另外，新生代将来的汽车使用方式也不会和 60 后、70 后一样，他们可能更加喜欢用如共享出行等新的模式。

邱巍：智能汽车将成为娱乐社交性的空间

年轻人的生活是以手机为中心的延展，今天车慢慢也会变成手机的延展，变成一个移动的娱乐社交空间。随着汽车在娱乐社交上所占的时间比例越来越大，意味着在车上对车控制的时间会越来越少，这一点会跟车的智能化相伴而生。未来自动驾驶汽车可以当客厅使用，因为技术可以把用户的手、眼、脑从驾驶中释放出来。研究表明，整个车的功能性在驾驶性能上的比例越来越小，在娱乐功能的比例上越来越大，这也是智能汽车的大趋势。

智能汽车极大地解放了人的时间、精力，随之会创造出新的商业价值，这一点拥有特斯拉的车主特别有感受，我们对手机的依赖度越来越高，开车时也会用到手机。当智能化越来越高时，人的时间被释放后就会把网上生活体系搬到移动车载上去，能够跟移动平台所到的位置连接，这带来的线上线下的体验创造的商业价值完全不一样，它完全融入了年轻人的生活习惯。这还有赖于整个技术体系的逐步演进。

第 17 章
后疫情时代汽车行业的智能化之道

李克强：安全、节能是汽车永恒的主题

汽车是移动的空间，传统的汽车企业要向 IT 企业学习怎么抓住用户的感受，尤其是 90 后、00 后的感受，然后提供相应的服务。但汽车作为具有社会属性的商品，具有安全、节能、环保、舒适四大性能，安全、节能是汽车永恒的主题。

把人解放需要很多技术，如果一味去追求客户感受，忘掉怎么实现汽车的基本属性（安全、节能、环保等），不在基本属性上下工夫是很危险的。今天的年轻人已经忽略了这些性能，是因为今天的汽车在传统汽车企业的努力下，已经做得非常安全了，所以年轻一代不知道安全还有问题。年轻人颠覆性地去讲享受，如果忽略了享受的技术背后还可能带来的安全危害，或者忽略这种新技术本来还可以使汽车更安全，那将来可能会出大问题。安全和享受，这两者都重要。

ICT 企业和传统汽车企业要相互学习。ICT 高科技企业要向传统汽车学习怎么保障汽车安全，要利用新技术来提升安全；传统汽车企业要向 ICT 企业学习怎么去做客户的感受、快速迭代。但在未来，真正理想的道路是这两个都不能忽略。

07

智能汽车的商业化前景

李克强：正确认识智能网联技术和产品技术发展战略

面对特斯拉带给中国汽车产业的变革，中国传统汽车企业也好，新势力造车企业也好，如果在智能网联时代占有一席之地，需要对智能网联技术本身有一个正确的认识，要有一个正确的产品技术发展战略，以及踏踏实实的工作。如果对此没有正确的认识，战略方向都走偏了就会很难。特斯拉目前的成功，首先就是它的技术创新，比如电池技术、FSD、OTA 迭代等。未来智能网联时代真正形成一个大的生态时，如果我们能够把握技术发展的态势，实现真正的协同性发展，不论是传统汽车企业，还是新势力造车企业，都是有希望的。

第 17 章
后疫情时代汽车行业的智能化之道

谈民强：智能汽车发展布局要兼顾眼前和未来

特斯拉对整个汽车行业带来的冲击和影响巨大，对中国汽车企业的启示更大。特斯拉坚持技术创新，我们回顾 40 年整个汽车行业的发展，真正的原始创新并不多，所以我国的汽车行业做大了但没做强。经过 40 年积累，我们在传统汽车行业上的差距已经不大。未来汽车可能还有 10 年的时间才真正能做到像 L4、L5 这样的高阶智能网联，才能实现真正的商业化。但是如果你今天不做，等到 10 年后再做，那时差距就很大了。智能汽车领域的发展布局，既要看眼前，又要看未来。东风公司在新能源汽车、智能网联等领域都在做未来和眼前的发展布局和实践。

面对新挑战，国内各大车企集团正从"单打独斗"向"抱团"模式转变。如果只是某一家车企自己去做，而不去做联合，不去做融合，不去做协同，显然是做不大的。东风公司与一汽、长安合资成立的 T3 科技平台公司，面向"新四化"、自动驾驶技术做科技创新，尽管投入大，但未来的市场空间同样也非常大。

数字基建
通向数字孪生世界的迁徙之路

邱巍：重新思考汽车发展之路

电动化跟无人驾驶是相辅相成的。回望这几年的发展，其实汽车正在往社交方向发展。任何新生的颠覆性的事情，不能指望原来传统的人去做，一定要吸收新鲜的"血液"进来。电动化让汽车在保证安全性属性的同时减少了元器件，同时成本也大幅下降，这让新来者有机会参与竞争。这也是为什么几年前有很多互联网造车企业，尽管他们现在面临困难，但给整个产业带来了很大的进步，让我们原来的汽车人得以重新思考汽车发展之路。

张永伟：两化推动汽车产业规律和组织模式的变革

由于汽车的电动化、智能化的发展，汽车的产业规律和组织模式都发生了重大的变革，包括理念、文化，未来10年汽车产业的生态会发生巨变。

首先，未来汽车的产业边界是模糊的，IT业？制造业？服务业？很难定义它属于哪一个产业，实际上汽车产业是一个融合的产业。现在

第 17 章
后疫情时代汽车行业的智能化之道

正是到了用融合的方式、协同的方式来解决智能化的技术的时候了，这对中国企业来讲是一个极大的挑战。

其次，组织创新的方式几乎没有太多成功的案例，企业更善于单打独斗，协同创新还需要进一步探索，尤其面向市场的创新，也需要政府的推动。汽车是一个特别市场化的行业，需要大家携手跨界来解决高难度的技术难题。单兵作战不值当，系统创新才放心，必须要破解这个问题。

刘松：汽车行业的全新产业生态

由于电动化、智能化的推进，过去 100 年汽车行业积累的技术也发生着改变，甚至有人说 5 年以后的智能汽车可能 70%是 IT 产品，车体的控制、底盘、安全性、制造的品质保证还是传统汽车人擅长的，但是里面有很多创新点都变成了软件化的或者一体化、网联化的 IT 技术。

2017 年，消费类单品里最贵的工业制品就是汽车，代码量最大的是汽车，同时也是能够买到的消费品里物联网技术用的最多的产品。现代汽车的代码都超过了 1 亿行，在所有我们能买到的消费类单品里，软件代码有 1 亿行的产品就只有现代豪华汽车这么一个东西，甚至也有可能在未来自动驾驶盛行，变成每个人都在使用后，其代码量还会继续增加，远超飞机。因为车虽小，但它有娱乐复杂性。

电动化后车零部件反而减少，未来每辆汽车都可以定制，可以用乐高的方式，像组装电脑那么容易。现在一些车厂已经开始做客户定制了。在电动化、智能化以后，配置的门槛和成本会进一步降低。传统的汽车定制都是奢侈品的逻辑，未来的定制不再是奢侈品的逻辑，而是方便品的逻辑。未来，智能汽车会像智能手机一样，把硬件做成标品，用软件来适配用户的需求，每个人的 App 都不一样，当然汽车的情况要比手机复杂得多。

刘松：智能汽车产业的 10 年巨变

2030 年前的这 10 年，是整个全球汽车产业巨变的 10 年，会改写过去 100 年的历史。

首先，未来 10 年是一个巨变期，有可能在中国上演最重要的一次产业变革的戏剧，而且很有可能是由中国的新势力，包括年轻的势力，包括年轻的消费者和我们大的车企的创新来完成的。

其次，这种变化本质上是一个产业创新模式的变化，是跨界重度混合，希望汽车人、IT 人、互联网人、年轻消费者和心态年轻的消费者，和我们的研发人员一起改变规则，改变产业的一个创新。

最后，我们回到对汽车本身的期望，汽车对于每个人到底意味着什

第 17 章
后疫情时代汽车行业的智能化之道

么？从大的角度来讲，是智能社会、智能城市，可能还会改变我们城市的能源结构，它也会带动我们的产业反馈到每个人。汽车，首先是便捷，方便去目的地；其次是基本的安全保证，无论是有人驾驶的时候，还是无人驾驶的时候；再次是舒适（娱乐），在车上度过的时间应该更加心情愉悦；最后是汽车给人带来的自由，自动驾驶技术也好，云控平台技术也好，其实都是为了让汽车更自由，都是希望最终满足我们每一个人的美好生活。

扫码观看本期视频　　扫码观看本期视频